메타버스와 인공지능 교육

AI문고

인공지능 시대입니다. 기계가 인간의 인지를 대신하고, 사물이 인간을 통하지 않고 다른 사물과 직접 커뮤니케이션합니다. 이에 따른 인간 삶과 문명 변화를 정확히 이해·예측·대응하는 것은 이 시대 우리 모두의 과제입니다. AI문고는 인공지능 기술과 환경의 여러 주제를 10가지 키워드로 정리합니다. 관련 개념과 이론, 학계와 산업계의 쟁점, 우리 일상의 변화를 다룹니다. 인간과 기술의 현재, 미래를 세심히 분석합니다.

일러두기

- 인명, 작품명, 저서명, 개념어 등은 한글과 함께 괄호 안에 해당 국가의 원어를 병기했습니다.
- 외래어 표기는 현행 어문규정의 외래어표기법을 따랐습니다.

처음이세요?

전문가세요?

메타버스와 인공지능 교육

한송이

ㅋ

대한민국, 서울, 커뮤니케이션북스, 2025

메타버스와 인공지능 교육

지은이 한송이
펴낸이 박영률

초판 1쇄 펴낸날 2025년 3월 24일

커뮤니케이션북스(주)
출판 등록 2007년 8월 17일 제313-2007-000166호
02880 서울시 성북구 성북로 5-11
전화(02) 7474 001, 팩스(02) 736 5047
commbooks@commbooks.com
www.commbooks.com

ISBN 979-11-7307-523-0 03500

책값은 뒤표지에 표시되어 있습니다.

차례

메타버스와 인공지능

4차 산업 혁명(Fourth Industrial Revolution, Industry 4.0)으로 촉발된 디지털 전환(digital transformation) 시대의 중심에는 인공지능(artificial intelligence)과 메타버스(metaverse)와 같은 핵심 기술이 존재한다. 인공지능과 메타버스는 서로 다른 길을 걷다가 만나는 두 가지 기술로 보는 것이 적당하다. 즉, 두 기술이 직접적으로 연결되거나, 하나가 다른 하나를 포함하는 것은 아니지만, 메타버스의 완성에는 인공지능의 발전이 큰 역할을 한다. 인공지능 기술은 잠재력을 최대한 발휘하면서 현재의 기술적 한계를 극복하고 메타버스 세계를 새롭게 재창조하고 확장하며 발전해 나갈 것이다. 앞으로 인공지능 시대를 살아갈 세대는 다양한 디지털 전환을 경험하게 될 것이고, 이러한 시대의 변화에 따라 교육 내용, 교육 방법, 교수·학습 방법, 교육 환경은 기존의 방식에서 근본적으로 벗어나 새로운 변혁을 맞이하게 될 것이다. 어느 누구도 미래를 예측할 수는 없지만, 역사적으로도 세상의 변화를 주도하는 것은 기술이었다는 사실을 부정하기는 어렵다.

토머스 쿤(Thomas S. Kuhn)은 그의 대표작 『과학 혁명의 구조(The Structure of Scientific Revolutions)』(1962)에서 "과학 발전은 점진적으로 이뤄지는 것이 아니라 패러다임(paradigm) 전환에 의해 혁명적으로 일어난다. (…) 과학의 역사는 벽돌을 차곡차곡 쌓아 건물 하나를 짓는 과정이 아니라 어느 날 굴삭기로 건물을 밀어 버리고 그 옆에 새 건물을 짓는 것과 비슷하다"라고 했다. 즉, 과학 기술의 발전은 오랜 시간 체계화된 관찰을 통해서 사실을 수집하고, 사실로부터 이론을 도출하는 전통적인 관점이 아니라, 어떠한 패러다임의 변화에 따라 완전히 새로운 방식으로 바뀐다는 것이다.

실제로 코로나19(COVID-19) 팬데믹(pandemic) 이후, 과학 기술의 빠른 발전은 교육 패러다임에도 중대한 변화를 가져왔다. 전통적으로 교실 중심으로 이루어지던 교육은 팬데믹을 계기로 디지털 기술과 결합하며 시간과 공간의 제약을 넘어선 학습 환경으로 전환되었다. 특히, 원격 수업과 온라인 학습 플랫폼은 코로나 시기에 필수적인 교육 도구로 자리 잡으며 학습자와 교사가 상호 작용하는 방식을 완전히 바꿨다. 이러한 변화는 단순히 학습 공간의 디지털화를 넘어, 교육의 본질적 목적과 방법론에 대한 재고를 촉진했다. 또한, 인공지능(AI)과 빅데이터 기술은 개인화된 학습 환경을 가능하게 했다. 학습자의 데이터를 분석하여 개별적인 학습 경로를 제시하거나, 실시간으로 학습 성과를 피드백함으로써 학습자 중심의 교육을 실현하고 있으며, 우리나라의 경우 2025년부터 인공지능 교과서(AI digital textbook, AIDT)를 교육현장에 도입할 계획이었으나(교육부, 2023a, 2023b), 디지털 과몰입, 예산 · 기자재 미비 등의 문제가 지속적으로 계속 제시되었고, 그 결과, 인공지능 교과서가 아닌 '교육자료'로 규정한 초 · 중등 교육법 개정안이 국회를 통과하였다. 그럼에도 불구하고, 인공지능 교육자료의 도입은 디지털 대전환 시대에서 교육 현장의 패러다임 변화를 촉진하는 중요한 계기가 될 것이며, 이는 향후 교육 혁신의 방향성을 제시하는 중대한 전환점이 될 것이다.

이러한 기술의 발전이 그저 나와는 상관없는 일이라 생각하기에는 이미 이러한 기술이 우리의 삶을 너무도 달라지게 만들었고, 상상했던 일들이 실제로 이루어지고 있다. 메타(Meta)의 CEO인 마크 저커버그(Mark Zuckerberg)는 "가장 큰 위험은 어떤 위험도 감수하지 않는 것이다. 급변하는 세상에서 위험을 감수하지 않는

건 곧 실패로 이어진다"라고 했다. 변화는 위기인 동시에 기회를 만든다.

이미 시대는 변화했고, 이러한 변화를 거스를 수는 없다. 이러한 변화를 막으려는 것은 마치 자동차가 발명되었음에도 말을 타고 다니라고 주장하는 것과 같고, 인터넷이 보편화된 시대에 여전히 손 편지로만 의사소통하라고 강요하는 것과 같다. 그 대신에 우리는 '어떻게(How?)'와 같은 적용 방안에 집중해야 하며, 이러한 기술의 발전과 도입이 교육의 본질적 가치를 강화하고 모든 학습자에게 공정하고 균등한 학습 기회를 제공할 수 있도록 철저히 준비해야 한다. 특히 이러한 기술을 효과적으로 활용할 수 있는 교육 환경과 교육 방법 체계를 마련하는 것이 중요하다. 이는 단순히 새로운 기술을 도입하고 활용하는 수준을 넘어, 기술과 교육이 조화를 이루어 학습자 중심의 혁신적 교육 생태계를 구축하는 것을 의미한다.

기술은 교육의 형식을 보완하고 지원하는 도구에 그치지 않고, 교육의 본질적 가치와 목적을 재정의하는 촉매제로 작용할 것이며, 변화된 새로운 교육 패러다임은 교사와 학습자가 지식의 수동적인 전달자와 수용자가 아닌, 함께 문제를 해결하고 창의적으로 사고하는 협력적 파트너로 변화하도록 요구하며, 교육의 목적, 학습 과정의 본질적인 재해석을 요구한다. 이에 따라, 우리는 더는 기존의 교육 체계와 방법론에 안주할 수 없으며, 미래 세대를 위한 교육은 더욱 창의적이고 유연하며 기술 융합적인 접근법을 필요로 한다. 이는 교육의 본질적 전환을 요구하는 시대적 과제로서, 현재의 교육 시스템이 한층 진보적이고 혁신적인 방향으로 나아가야 할 중요한 전환점에 있음을 의미한다.

교육 패러다임의 변화에 따른 교육 혁신

메타버스와 인공지능 교육에서 이러한 혁신적인 패러다임의 변화는 크게 5가지로 나누어 볼 수 있다.

첫 번째 패러다임의 변화는 4차 산업 혁명의 출현이다. 2016년 다보스 포럼의 주제였던 '4차 산업 혁명의 이해'에서는 미래를 이끌어 갈 다양한 핵심 기술들을 발표했는데, 전문가들이 강조한 핵심 기술은 다음과 같다. 사람·사물·공간 등 모든 것이 인터넷으로 연결되고, 사람의 개입 없이도 사물과 사물이 서로 연결되어 정보를 받을 수 있는 사물 인터넷(Internet of things, IoT), 대량의 데이터로부터 유용한 정보를 추출하고 분석하는 빅데이터(big data), 암호 화폐를 가능하게 해주는 원천기술인 블록체인(blockchain), 3D 디지털 설계도나 모델을 기반으로 층층이 쌓는 방식의 출력을 통해 입체적인 기술을 만드는 3D 프린팅(3D printing), 그리고 마지막으로 인간의 언어를 알아듣고 사람처럼 지각 · 판단하는 기능을 갖는 인공지능 기술이다. 이러한 기술의 발전은 교육 현장과 교수 · 학습 방법을 변화시켰고, 이러한 기술을 기반으로 하는 메타버스, 증강현실(augmented reality), 가상현실(virtual reality)과 같은 에듀테크(edutech, education and technology)의 영역으로 범위를 점차 더 넓히는 초석이 되었다.

두 번째 패러다임의 변화는 구글 딥마인드(Google DeepMind)에서 개발한 인공지능 바둑 프로그램 알파고(AlphaGo)와 이세돌 기사의 대국이다. 알파고 이후 바둑계는 바둑 학습 방법 자체가 달라질 정도로 크게 바꿔놓는 계기가 되었다. 오랜 시간 전통적인 바둑 학습법으로 알려진 방법은 인간 바둑 기사의 기보를 두며 바둑을 학습하는 것이었지만, 알파고 이후 바둑 학습은 인공지능 소프트웨어에 물어보면서 인공지능의 사고 체계와 수법을 배우고 있다. 이로 인해 바둑 학습의 패러다임이 단순히 과거의 경험을 분석하는 차원을 넘어, 더 창의적이고 예측 불가능한 수를 만들어 내는 과정으로 변화했다. 바둑 기사들은 이제 인공지능이 제안하는 독창적인 전략과 기법을 통해 인간의 한계를 넘어서는 새로운 가능성을 탐색하고 있다. 알파고는 바둑에서 무엇을 배우고 어떻게 가르칠지를 완전히 바꾸는 계기가 되었으며, 이는 교육 분야에도 시사점을 던지고 있다. 교육의 본질은 단순히 기존의 지식을 전달하는 데에 그치지 않고, 인공지능과 같은 혁신적 도구를 통해 새로운 사고방식과 문제 해결 능력을 기르는 것이 되어야 한다. 이제 교육은 교사 중심의 일방적인 지식 전달이 아니라 학습자 중심의 능동적이고 상호 작용적인 과정으로 재편되고 변화되어야 함을 암시하고 있다.

세 번째의 패러다임 변화는 코로나19로 인한 팬데믹이다. 코로나 이후 교육 현장은 많은 변화가 있었고, 특히 기존 교실에서 온라인 수업으로 변화하면서 지금까지 변화하지 못했던 교육 제도의 근본적인 틀이 변화했다. 교육 혁신은 지속적으로 진행되고 있는 과정이지만, 결코 쉽지 않은 부분이다. 아무리 강하게 교육 혁신을 하려고 해도 복잡하게 얽혀 있는 이해관계로 빠르게 변화하기는 어려운 부분이 있었다(한송이, 2024). 하지만 전혀 예상하지 못했던 코로나의 발생으로 전통적인 교육의 틀이 뿌리째 흔들리게 되었고, 강제적으로 교육 현장에서는 전통적인 수업방식인 대면 수업에서 실시간 플랫폼(예: ZOOM, Webex 등)을 활용한 원격 수업 활용이 급증했고, 여기에 가상의 공간인 메타버스 플랫폼을 수업 현장에 도입하는 사례도 급부상하면서 첨단 기술이 접목된 디지털 전환을 통한 교육 혁신을 시행했다.

네 번째 패러다임의 변화는 메타버스의 확장과 가능성이다. 코로나로 인해 대면 활동이 제한되고 비대면 활동이 이루어짐에 따라 교육 현장에서는 다양한 시도가 이루어졌는데, 그 중심에는 메타버스가 있다. 메타버스는 초월을 의미하는 메타(meta)와 세계 · 우주를 의미하는 유니버스(universe)를 합성한 용어로, 공간적으로 현실 세계와는 또 다른 가상 공간 세계를 지칭하는 개념이며, 디지털 공간에서 아바타로 타인과 상호 작용하고, 사회적 · 경제적 활동을 수행할 수 있는 환경을 말한다(Wang et al., 2022). 메타버스의 가능성이 주목받으면서, 교육 기관에서는 교육용 메타버스 플랫폼을 개발하고 수업 현장에 적극적으로 적용하고자 했다. 이에 기존의 ZOOM과 같은 실시간 플랫폼을 활용한 교육에서 더욱 실재감 있고 현실감이 있으며 확장성을 갖춘 메타버스의 활용이 새로운 학습 공간의 역할을 했고, 메타버스로 촉발되는 디지털 기술 전환이 가속화되고 있다. 메타버스가 주목받는 이유는 기술이 발달하면서 과거에는 거의 불가능했던 메타버스 서비스를 구현하는 것이 점점 더 쉽게 가능해지고 있기 때문이다.

마지막 패러다임의 변화는 인공지능이다. 다양한 차세대 기술이 언급되고 있지만, 그 변화의 한가운데에서 인공지능 기술이 주요한 역할을 하고 있고, 어떠한 방식으로든 우리의 삶에 영향을 미칠 것이다. 인공지능 시대가 본격적으로 시작되면서 교육 업계에서도 인공지능이 큰 영향력을 발휘하고 있다. 그중에서도 2022년에 오픈AI(OpenAI)가 공개한 대화형 생성형 인공지능 서비스 '챗GPT(ChatGPT)'라는 인공지능 기술은 기존 인공지능과는 다르게, 더욱더 직관적이고 활용법도 대화형으로 더욱 편리하여, 누구나 학습에도 실제적인 도움을 빠르게 받을 수 있다. 또한, 인공지능 기술을 통해 학습자의 사전 지식에 따른 맞춤형 수업, 적응형 학습(adaptive learning)이 가능해지면서 교육에서 인공지능의 활용 범위가 크게 확대된 것을 확인할 수 있다.

이러한 패러다임의 변화는 교육 분야에 큰 혁신을 가져왔고, 앞으로도 지속적으로 영향을 미칠 것이다. 4차 산업 혁명, 알파고, 코로나 팬데믹, 메타버스의 확장, 그리고 인공지능의 발전은 모두 교육의 형태와 방법을 근본적으로 변화시키고 있다. 교육계는 이제 새로운 패러다임의 도래에 맞추어 교육 내용과 방법을 재정의해야 하며, 이러한 변화를 통해 미래 세대는 더 창의적이고 비판적인 사고를 바탕으로 인공지능과 공존하며 협력할 수 있는 역량을 갖출 수 있도록 해야 한다. 따라서 교육계는 학습자들이 기술을 이해하고, 윤리적이고 사회적 책임을 바탕으로 이를 활용할 수 있는 역량을 기르는 데에 집중해야 해야 하며, 교육은 기술과의 공존을 통해 지속적인 혁신을 이루어야 한다. 이를 위해서는 교사, 정책 입안자, 그리고 교육 연구자들이 협력하여 학습의 본질을 새롭게 정의하고 발전시켜야 한다. 앞으로의 교육은 단순히 기술에 적응하는 것을 넘어서, 기술과 함께 학습하며 상호 발전하는 방식으로 나아가야 할 것이다.

에듀테크 도입에 따른 교육적 의미와 과제

이러한 패러다임의 변화는 교육 분야에 무한한 가능성을 열어 주었고, 교육 현장에서도 에듀테크 기술을 활용하여 교육 혁신을 이루어 내고자 하는 노력을 다방면으로 하고 있다. 하지만 아이러니하게도 메타버스와 인공지능과 같은 최신 에듀테크 기술의 교육적 의미가 무엇인지, 어떤 내용을 어떻게 교육 현장에 적용해야 하고,

교육 관계자들과 학습자들이 어떤 역량을 기르고 준비해야 하는지에 대한 합의는 잘 이루어지지 않고 있다.

에듀테크라는 단어에서도 알 수 있듯, 교육(education)이 기술(technology)보다 우선시된다. 이는 기술이 아무리 발전하더라도 교육의 본질과 목표가 최우선임을 의미한다. 즉, 여기서 가장 중요한 것은 메타버스와 인공지능 같은 에듀테크에서 사람이 먼저라는 것이다. 자칫 기술에 현혹되어 그 기술을 억지로 활용하거나 혹은 새로운 기술에 대한 두려움으로 시작조차 하지 않을 수도 있는데, 이는 올바른 접근 방법이 아니다. 기술은 사람이 학습을 더욱 효과적으로 할 수 있도록 뒷받침해 주는 지원 수단이다(한송이, 2024). 메타버스와 인공지능의 장단점이 무엇이든, 이미 변화는 시작되었다. 인터넷, 스마트폰의 등장이 사람들의 패턴을 바꾸어 놓았듯, 메타버스와 인공지능도 그 수준에 가까운 변화를 가져올 것이다. 더 나은 학습 환경을 위해서 이러한 에듀테크 기술을 어떻게 적용해야 하는지를 고민해 봐야 한다.

앞으로 10년 후의 미래를 생각해 보면 어느 나라든 최고의 기술만 살아남을 것이다. 이러한 차원에서 글로벌 기술 경쟁은 더욱 치열해질 것이며, 교육 현장에서는 더욱 편리하고 안전한 기술을 원하기 때문에 세계 각국은 핵심 기술 연구에 국가와 사회의 총력을 집중하고 있다. 이러한 변화 속에서 메타버스와 인공지능 관련 기술·역량은 이제는 선택의 영역이 아니라 필수 영역으로 확대되었고, 이를 통해 교육의 혁신과 발전을 이끄는 것이 필연적이다. 교육자와 학습자 모두 이러한 변화에 발맞추어 준비하고 적응하는 것이 중요하며, 미래 교육의 성공 여부는 이 기술들을 얼마나 효과적으로 통합하고 활용하는지에 달려 있다.

책의 구성

이 책은 새로운 교육 패러다임의 변화를 선도하는 교육자에게 필요한 심층적인 통찰과 핵심 역량 강화를 위한 다양한 인사이트를 제공하고, 이를 통해 미래 교육이 나아가야 할 방향을 제시하고자 한다.

1장에서는 메타버스와 인공지능의 기술적 융합이 주는 의미와 이를 교육에서 어떻게 활용할 수 있는지에 대해 설명하고, 메타버스와 인공지능이 제공하는 교육적 잠재력에 관해 탐구한다. 2장과 3장에서는 메타버스와 인공지능 활용 교육의 형태와 사례를 알아보고, 실질적인 활용 방안을 제시하고 논의한다. 4장에서는 메타버스와 인공지능 활용 교육의 이론적 배경을 다루며, 교육 이론과 심리학적 원리를 바탕으로 메타버스와 인공지능이 학습 효과를 어떻게 증진시키는지 최신 연구 결과와 사례를 통해 이론적 근거를 제시한다. 5장에서는 메타버스와 인공지능 활용 교육을 위한 생태계 구축에 필요한 요소를 다루며, 성공적인 생태계 구축과 안착을 위한 전략을 제안한다. 6장과 7장에서는 메타버스와 인공지능이 주도하는 교육에서 교수자와 학습자들이 어떠한 역량에 주목해야 하는지를 알아보고, 8장과 9장에서는 메타버스와 인공지능이 교육에 가져오는 혁신적인 변화에 따른 가능성과 주의점에 대해서 알아보고, 이를 해결하기 위한 방안을 논의한다. 마지막으로 10장에서는 메타버스와 인공지능 활용 교육의 미래와 도전 과제를 전망한다.

참고문헌

교육부(2023a). 「인공지능(AI) 디지털교과서 추진방안」.

교육부(2023b). 「모두를 위한 맞춤형 교육의 실현: 디지털 기반 교육혁신 방안」.

한송이(2024). 『생성형 AI를 활용한 미래교육』(제2판). 교육과학사.

Kuhn, T. S.(1962). *The structure of scientific revolutions*. University of Chicago Press.

Wang, Y., et al.(2022). A survey on metaverse: Fundamentals, security, and privacy. *IEEE communications surveys & tutorials, 25*(1), 319-352.

01
메타버스와 인공지능의 융합

메타버스와 인공지능은 왜 중요한가?

메타버스와 인공지능은 각각 독립적으로 발전해 온 핵심 기술이지만, 상호 보완적인 관계를 형성하며 교육을 비롯한 다양한 분야에서 혁신적 변화를 이끌고 있다. 본 장에서는 교육 현장에서의 메타버스와 인공지능의 개념과 주요 특징을 분석하고, 이를 효과적으로 활용하기 위한 전략을 모색하기 위해 MZ 세대 · 알파 세대의 특성을 탐색한다.

AI와 1인 창업?

메타버스와 인공지능의 융합

메타버스와 인공지능의 융합은 교육 분야에서 큰 잠재력을 가지고 있다. 메타버스와 인공지능은 서로 독립적인 경로에서 발전한 두 가지의 다른 기술이지만, 상호 보완적인 관계를 통해 중요한 시너지 효과를 창출할 수 있다. 두 가지 기술은 직접적으로 통합되거나 하나가 다른 하나를 포함하는 구조는 아니지만, 메타버스의 완성도를 높이는 데에 인공지능의 역할이 핵심적이다.

메타버스는 인공지능의 인간적인 상호 작용을 가능하게 하고, 학습자에게 개인 맞춤형 경험을 제공하기도 하며, 콘텐츠 생성의 효율성과 데이터 보안을 개선하는 데에 중요한 역할을 한다. 한편, 인공지능은 메타버스 내의 다양한 활동을 지능적으로 지원하고, 데이터 분석과 시뮬레이션을 통해 메타버스의 기능을 확장하며 이러한 상호 작용은 미래의 혁신적인 디지털 경험을 창출하는 데에 중요한 기반이 될 것이다. 특히 학생 개개인의 학습 경험을 중요시하는 인공지능 시대 교육에서 이러한 기술적 융합은 교육 접근성을 확대하는 데에 매우 중요한 역할을 할 것이며, 인공지능은 메타버스의 한계를 극복할 것이다. 그러면 메타버스와 인공지능의 융합이 교육에 주는 잠재력은 무엇일까? 이를 알아보기 위해서는 메타버스와 인공지능의 개념을 제대로 알아야 한다.

메타버스의 개념과 특징

메타버스(metaverse)라는 용어는 1992년 닐 스티븐슨(Neal Stephenson)의 SF 소설 『스노 크래시(Snow Crash)』에서 처음 등장했다. 이 소설에서는 사람들이 아바타(avatar)를 통해 메타버스라는 가상 세계에서 활동하는 모습을 묘사하고 있다. 이 가상 세계는 단순한 디지털 공간이 아니라, 현실 세계와 유사한 사회적 · 경제적 법칙이 작용하며 다양한 활동이 이루어지는 복합적인 구조를 갖추고 있다.

1990년대는 네트워크 구축이 본격적으로 이루어진 시기로, 사람들은 모든 것이 연결될 수 있다는 가능성을 상상하기 시작했다. 이러한 연결성은 단순히 문자 기반의 정보 전달을 넘어, 이미지와 영상 같은 대용량 데이터를 빠르게 공유할 수 있는 기반을 마련했다. 이 과정에서 나우누리(Nownuri), 천리안(Chollian), 하이텔(Hi-Tel)과 같은 통합 커뮤니티가 활성화되었으며, 이후 싸이월드와 같은 웹 기반 소셜 네트워크 서비스(SNS)가 등장하면서 디지털 상호 작용이 점차 확대되었다. 2000년대 초반에는 아바타를 기반으로 한 플랫폼인 세컨드 라이프(Second Life)와 샌드박스형 게임 〈심즈(The Sims)〉가

등장하며 메타버스의 초기 버전으로 평가받았다. 당시 메타버스 플랫폼은 주로 가상 세계에 국한되어 있었지만, 2012년 이후 하드웨어 기술이 급속도로 발전하면서 상황은 크게 변화했다. 고성능 연산 능력과 현실감을 높인 그래픽 기술은 메타버스의 몰입도와 흥미를 크게 향상시켰다. 이를 통해 사용자들은 더 복잡한 현상을 가상 공간에서 경험할 수 있게 되었으며, 네트워크를 통해 이를 다양한 사용자와 실시간으로 공유하는 것이 가능해졌다. 결국, 이러한 기술적 진보는 메타버스가 단순한 가상 공간에서 벗어나, 현실과 긴밀히 연결된 새로운 디지털 경험의 장으로 발전하는 데에 중요한 기틀을 마련했다.

2020년 이후, HMD(head-mounted display) 기반 하드웨어의 발전은 메타버스 기술의 도약을 가져왔다. 특히, 고사양 HMD의 등장과 함께 고해상도 디스플레이의 상용화가 본격화되었으며, 위치 추적과 동작 추적 기술이 급격히 발전하면서 메타버스 환경의 몰입감과 상호작용성이 크게 향상되었다. 이 시기는 단순히 가상 공간에 머물렀던 초기 메타버스와는 달리, 현실과 유사한 가상 세계를 구축하고 이를 현실 세계와 유기적으로 연결할 수 있게 된 전환점이었다. 예를 들어, 사용자는 가상의 공간에서 현실의 연예인과 사진을 찍거나, 현실 브랜드의 옷을 입고 가상 한강에서 친구들과 만나 사진을 찍고 가상 라면을 먹는 경험을 할 수 있다. 또한, 가상 세계에서 축적한 화폐를 현실에서 사용하는 경제적 상호 작용도 가능해졌다. 이러한 기술적 진보는 초기 메타버스 플랫폼과는 차별화된, 더욱 현실적이고 다차원적인 메타버스 환경을 구현하는 데에 기여했다.

여기에 코로나 팬데믹으로 인한 사회적 거리 두기와 비대면 문화의 확산은 메타버스의 활용 가능성을 더욱 확대시켰다. 이전까지는 주로 게임과 엔터테인먼트 산업에서 소통 · 놀이의 공간으로 한정적으로 활용되었던 메타버스가 이제는 업무 · 교육 · 사회적 상호 작용 등 다양한 목적을 위한 새로운 플랫폼으로 자리 잡게 되었고, 기존의 게임 · 엔터테인먼트 제작사를 중심으로 발전하던 메타버스는 이제 단순한 놀이의 공간을 넘어, 현실과의 경계를 허물고 또 다른 세계를 구축할 수 있는 폭넓은 디지털 생태계로 진화하고 있다. 이는 기술의 발전과 사회적 요구가 맞물려 메타버스가 단순한 가상현실을 넘어, 새로운 형태의 현실과 융합된 디지털 경험의 장으로 자리 잡게 된 과정을 보여 준다.

일각에서는 포스트 코로나 시대에 메타버스가 일시적

인 반짝 유행으로 그쳤다는 우려를 제기한다. 그러나 메타버스에 인공지능 기술이 접목될 경우, 메타버스는 단순한 유행을 넘어 지속 가능한 교육 플랫폼으로 발전할 잠재력이 크다. 특히, 메타버스는 전통적인 교육 환경에서 제공하기 어려운 몰입형 학습 경험을 가능하게 하며, 인공지능을 활용해 개별 학습자의 수준에 맞춘 맞춤형 교육 환경을 구현할 수 있을 것으로 기대된다. 이러한 발전은 학습의 효율성과 참여도를 높이고, 학습자 중심의 교육을 강화하는 데에 기여할 수 있다.

인공지능 개념과 특징

인공지능은 연구자나 전공에 따라 강조하는 세부 요소 혹은 핵심 사항이 달라질 수 있으나, 교육부(2022)는 다음과 같이 정의했다. "인공지능이란, 인간의 지능으로 할 수 있는 사고, 학습, 자기 계발 등을 컴퓨터가 할 수 있도록 하는 방법을 연구하는 분야로서, 컴퓨터가 인간의 지능적인 행동을 모방할 수 있도록 하는 것"이라고 정의했다. 국내외 인공지능 관련 연구가 진행되면서 다양한 학문에서 인공지능을 적극적으로 융합하고 있으며, 그 중 교육 현장에서의 도입은 그 어느 전공보다 적극적이다. 인공지능이 국가 경쟁력을 좌우하는 핵심 기술로 급부상함에 따라 세계 각국은 인공지능 경쟁에서 뒤처지지 않게 많은 노력을 기울이고 있다.

이 중에서 캐나다는 국가 차원의 AI 전략을 일찍이 제시한 대표적인 국가로, CIFAR(Canadian Institute for Advanced Research)을 통해 인공지능 전략을 발표한 전 세계 국가들의 현황을 분석해 보고했다. 2018년에 발표된 CIFAR의 보고서에 따르면 우리나라를 포함한 미국, 일본, 영국 등 AI 관련 분야를 선도하고 있는 18개 국가 대부분이 AI 관련 연구를 위한 연구 센터, 과학적 연구, 우수 인재 양성, 관련 기술의 산업화 등의 분야에 집중하고 있는 것으로 나타났다(한국교육과정평가원, 2021).

미국의 경우, 「미국 인공지능 이니셔티브(American AI Initiative)」 정책을 통해 인공지능 관련 인재를 양성하여 인공지능 선도 국가로 자리매김하고자 노력하고 있고, NSF(미국 국립과학재단)는 다양한 기관 협업을 통해 교육의 질과 유연성 제고를 위하 다양한 정채을 추진하고 있다. 미국의 AI4K12는 NSF, AAA(미국인공지능협회), CSTA(컴퓨터과학교사협회)가 한께 참어히는 운영 단체로, K-12(초 · 중 · 고등학교) 교육을 위해 인공지능을 가르치는 데에 초점을 둔 교육 프레임워크를 5개의 빅 아이디어(big idea) 영역(인식: perception, 표현 · 추

론: expression & reasoning, 학습: learning, 자연스러운 상호 작용: natural interaction, 사회적 영향: social impact)으로 나누어 발표하고(AI4K12 홈페이지 참조), 이를 통해 인공지능이 우리 사회와 삶에 어떤 영향을 미치고 각 학년의 교육에서는 무엇을 알아야 하고 어떻게 적용해야 하는지에 대한 가이드라인을 제시했다(Touretzky et al., 2019).

중국 국무원(中國 國務院)은 2017년 「차세대 AI 발전 계획」을 발표하면서, 초 · 중 · 고등학교에 인공지능 확산 방안을 제시하고, 유치원부터 초 · 중 · 고등학교까지에 이르는 단계별 인공지능 교과서를 발간하는 등 학교 현장의 인공지능 교육을 지원하고 있다. 중국에서는 이미 인공지능 교과서를 출판해 30개 학교 이상에서 사용하고 있고, 다양한 학습 단계에서 인공지능 교육을 윤리적이고 효과적으로 이행하여 시민들의 인공지능 인식을 높이며, 선도적인 인공지능 국가가 될 수 있도록 노력하고 있다. 특히 이러한 인공지능 교과서의 내용은 반복적으로 수준이 상승하는 나선형 구조를 가지며, 실습과 이론을 모두 활용하는 학습 과정을 강조한다(경제 · 인문사회연구회, 2021; 정보통신산업진흥원, 2023; 한국정보화진흥원, 2017; Mckinsey Global Institute, 2017). 또한 미국 스탠퍼드 대학교의 인간중심 인공지능연구소(HAI)가 발간하고 있는 『AI 인덱스 보고서』에 따르면 2021년 기준 전 세계 인공지능 출원 건수의 약 52%가 중국으로, 미국의 17%에 비해 압도적이다. 2010년부터 2021년까지 전 세계에서 AI 관련 논문을 가장 많이 쓰는 국가도 중국으로, 2021년 기준 약 40%로 절대 1위다. AI 논문 출판 수 상위 10개 기관 중 미국 MIT를 빼고는 중국과학원, 칭화대학교, 중국과학원대학교, 상하이교통대학교, 저장대학교, 하얼빈공과대학교, 베이징대학교 등 모두 중국의 연구소와 대학이 차지하고 있다(Maslej et al., 2024).

일본 역시 시범 학교를 대상으로 인공지능 교육을 실시하고 있다. 일본은 「AI 전략 2019」을 발표하면서 전 학령에 걸친 단계별 교육 혁신을 강조했다. 특히 세부 추진 전략에서는 모든 국민 누구나 리터러시 교육, 문/이과를 불문하고 수학 · 과학 데이터를 응용할 수 있는 교육, 고도 인재 양성을 위한 교육 과정 설치 등을 포함했다(Maslej et al., 2024).

우리나라는 「인공지능 국가 전략」(2019), 「정보 교육 종합 계획」(2020), 「인공지능 교육 정책 방향」(2022) 수립을 통해 AI 교육의 비전과 전략을 제시했다. 이를 통해 초·중·고 인공지능 교육을 위한 맞춤형 단계별 내용 기준을 마련하고 스마트 학교 환경을 조성하며, 고교 인공지능 융합 선택 과목을 2020년도에 신설하고, 2021년도에 교육 현장에 적용하였다. 교육부에서는 교육 대학원에 'AI 융합 교육 과정'을 개설하고, 2020년부터 5년간 인공지능 전문 교사 5,000명 양성을 추진하고 있다. 또한 전 국민의 AI 기본 소양 함양을 비롯하여 빅데이터, AI, 가상현실(VR)·증강현실(AR) 등 최첨단 에듀테크 기술을 교육 현장에 본격 도입하기로 발표한 바 있다(교육부, 2019, 2020).

UNESCO가 발간한 『인공지능과 교육』에 따르면 교육 분야에서 인공지능의 활용은 2024년까지 60억 달러 규모에 이를 것으로 전망하며, 인공지능을 교수-학습 환경이 직면한 다양한 문제를 해결할 수 있는 핵심 기술로 평가되고 있다. 그렇기에 세계 각국은 인공지능의 중요성을 인식하고 다양한 정책 방안을 마련하고, 각국 정보는 인공지능 기술의 발전을 촉진하며, 인공지능 관련 인재를 양성하여 교육의 발전과 국가 발전에 기여한다는 목표를 두고 있다(UNESCO, 2021).

잘파 세대가 만들어 가는 변화의 중심

MZ 세대는 1980년대에서 1990년대 중반에 태어난 밀레니얼 세대(M)와 1990년대 중후반에서 2000년대 중반에 태어난 Z 세대를 아우르는 세대로, 디지털 환경에 익숙하며 콘텐츠 생산과 트렌드 형성에 큰 영향을 미치는 세대다. 이들 다음 세대인 알파(Alpha) 세대는 2010년 이후 출생한 세대로, 증강현실, 가상현실, 인공지능, 로봇, 메타버스 등과 같은 첨단 기술과 자연스럽게 연결된 세대다. 최근에는 이 두 세대의 경계를 넘나드는 새로운 트렌드 리더로 '잘파(Zalpha) 세대'가 주목받고 있다. 잘파 세대는 1995년부터 2010년 사이 출생한 Z 세대와 알파 세대를 통합한 개념으로, 디지털 환경에서 성장한 공통점을 기반으로 정의된다. 이는 MZ 세대의 행동 양식과 소비 성향을 하나의 틀로 묶기 어렵다는 비판에서 출발한 용어로, 세대 간 디지털 경험의 차이를 더 명확히 구분하려는 시도다.

잘파 세대는 스마트폰 대중화와 함께 성장하며, 디지털 환경이 곧 생활의 일부인 디지털 네이티브 세대다. 특히 메타버스와 인공지능 기술이 일상과 밀접하게 연결된 세상에서, 이들은 디지털 콘텐츠 소비뿐 아니라 생산에도 적극적으로 참여하여 유튜브(YouTube) · 틱톡

(TikTok) · 로블록스(Roblox) 등을 통해 크리에이터로서 수익을 창출하며 경제 활동을 하고, 그 안에서 소비까지 하는 크리에이터 이코노미(creator economy)를 주도하는 모습을 보여 주고 있다. 또한, 잘파 세대는 온라인 학습과 오프라인 교실을 넘나드는 혼합형 교육 환경에서 자라나며, 이러한 변화를 자연스럽게 받아들이는 세대가 되었다.

메타버스 플랫폼의 사용률에서도 이러한 경향은 명확히 드러난다. 제페토(ZEPETO)에서는 10대 이용자가 전체의 80%를 차지하며, 로블록스에서는 가입자 중 55%가 미국의 16세 미만 청소년이다. 한편, 미국에서는 생후 18개월 된 아이가 부모의 이름보다 먼저 아마존의 AI 인공지능 이름을 불렀다는 흥미로운 사례도 보고된 바 있다.

디지털 기술과 함께 성장한 잘파 세대는 향후 10년 내에 성인이 되어 사회의 중심축으로 자리 잡을 것이다. 이들은 자신들이 경험한 혁신적인 디지털 환경을 바탕으로 기존의 업무 공간과 교육 체계를 재구성하며, 사회적 변화를 이끄는 주체로 활약할 것으로 기대된다. 메타버스와 인공지능이라는 두 기술적 축은 잘파 세대의 정체성을 규정하는 핵심 요소로 작용하며, 이들이 창조해 나갈 새로운 디지털 미래는 기존 세대가 경험한 사회 구조와는 본질적으로 다른 양상을 보일 것이다. 잘파 세대는 가상과 현실의 경계를 허물며 기술 기반 사회의 패러다임 전환을 주도하는 데에 중요한 역할을 할 것이다.

참고문헌

교육부(2019).「인공지능(AI)국가 전략」.

교육부(2020).「인공지능 시대-교육정책방향과 핵심과제」.

교육부(2022).「교육분야 인공지능 윤리원칙」 발표자료.

이성국(2021). 중국의 인공지능(AI)정책 및 AI 교과서 분석. ≪HRD Review≫, 24(1), 110-138쪽.

정보통신산업진흥원(2023). 글로벌성장본부 주간 글로벌 ICT 동향 & 이슈리포트(6월 1호)

한국교육과정평가원(2021). 『학교 교육에서의 인공지능(AI)활용 방안 탐색』(연구보고 RRI 2020-2).

한국교육학술정보원(2020). 『KERIS와 시작하는 인공지능 교육』.

한국교육학술정보원(2022). 『인공지능 수업』.

한국정보화진흥원(2017). 『중국의 인공지능(AI) 전략: '차세대 인공지능 발전계획'을 중심으로』(Special Report 2017-10).

UNESCO(2021). 『인공지능과 교육: 정책입안자를 위한 지침』. 유네스코한국위원회.

AI4K12. https://ai4k12.org/

Dutton, T., et al.(2018). *Building an AI world: Report on national and regional AI strategies*. CIFAR. https://cifar.ca/wp-content/uploads/2020/05/buildinganaiworld_eng.pdf

Kung, J., et al.(2020). *Building an AI World: Report on national and regional AI strategies*(2nd ed.). CIFAR. https://cifar.ca/wp-content/uploads/2020/10/building-an-ai-world-second-edition.pdf

Maslej, N., et al.(2024). *The artificial intelligence index report 2024.* Stanford University. https://aiindex.stanford.edu/wp-content/uploads/2024/04/HAI_2024_AI-Index-Report.pdf

Mckinsey Global Institute(2017). *Artificial intelligence: Implications for China.*

Stephenson, N. (1994). *Snow crash.* Penguin.

Touretzky, D., et al.(2019). Envisioning AI for K-12: What should every child know about AI?. *Proceedings of the AAAI conference on artificial intelligence*, 33(1), pp.9795-9799.

02
메타버스 활용 교육의 접근

메타버스 분류에 대한 명확한 기준이 정립되어 있지는 않으며, 연구자들의 관점과 중점적으로 다루는 요소에 따라 정의와 범주가 달라질 수 있다. 본 장에서는 메타버스의 대표적인 분류 체계 중 하나인 미국의 비영리 기술 연구 단체 ASF(Accelerated Studies Foundation)의 분류 기준을 소개하고, 교육적 활용 관점에서의 메타버스 유형을 체계적으로 분석하고자 한다.

AI와 MBTI?

ASF의 메타버스 형태

메타버스를 "가상의 세계다"라고 단순하게 표현하기도 하고, 현실과 융합된 가상의 세계에서 아바타가 상호 작용하는 것을 강조하는 연구자도 있다. 하지만 주로 메타버스를 분류할 때에는 미국의 비영리 기술 연구 단체인 ASF(Acceleration Studies Foundation)의 기준을 따른다. ASF는 2007년에 '메타버스 로드맵'을 발표했고, 가상과 현실의 정도를 반영하는 정도에 따라 메타버스를 ① 가상 세계(virtual worlds), ② 증강현실(augmented reality), ③거울 세계(mirror worlds), ④ 라이프로깅(life logging)으로 나누었다.

가상 세계는 컴퓨터 그래픽으로 실제 현장이나 환경을 구현한 영상 기술이다. 포트나이트(Fortnite), 로블록스(Roblox), 제페토가 대표적인 가상현실 메타버스의 플랫폼인데, 현실과 전혀 관계가 없는 가상의 사회과 인물(싱글 · 멀티 페르소나)이 등장할 수 있고, 가상의 화폐나 현실 세계에서 호환 가능한 화폐를 활용할 수도 있다. 가상현실 이용자들은 가상으로 구현된 환경이나 물체들과 상호 작용을 하며 현실처럼 느끼고 몰입할 수 있고, 아바타를 활용해서 멀티 페르소나를 가질 수 있다는 것이 특징이다.

교육에서 가상현실은 기술적 구현과 접근성에 따라 ① 모바일 기반 가상현실(mobile based VR), ② HMD 기반 가상현실(head mounted display based VR), ③ 메타버시티 플랫폼 기반 가상현실(metaversity platform based VR)로 나뉠 수 있다(한송이, 2024). 모바일 기반 가상현실은 스마트폰과 같은 모바일 기기를 활용하여 가상현실 환경을 구현하는 방식이다. 이 방식은 주로 가상현실 전용 애플리케이션을 다운로드하여 스마트폰을 가상현실 헤드셋에 장착하거나, 스마트폰 화면을 통해 가상현실을 체험하는 형태로 제공된다. 이러한 방식은 상대적으로 저렴하고 접근성이 뛰어나며, 높은 스마트폰 보급률 덕분에 추가 장비 구매 없이 손쉽게 활용할 수 있다는 장점이 있다. HMD 기반 가상현실은 고성능 HMD 장비를 사용하여 몰입감 높은 가상현실 환경을 제공하는 방식이다. 대표적인 HMD 장비로는 오큘러스 리프트(Oculus Rift), HTC 바이브(HTC Vive), 플레이스테이션 VR(PlayStation VR) 등이 있으며, 고품질 그래픽과 다양한 센서 · 컨트롤러를 통해 사용자가 가상 환경과 상호 작용할 수 있다. 이러한 방식은 고비용 · 고위험의 문제로 경험하기 어렵거나, 복잡한 시뮬레이션 · 실습 환경을 구현하는 데에 유용하며, 특히 의학 · 공학 · 건

축 등의 분야에서 효과적이다. 메타버시티 플랫폼 기반 가상현실은 메타버스와 같은 가상 세계를 활용하여 교육 환경을 조성하는 방식이다. 이러한 플랫폼은 여러 사용자가 동시에 접속하여 상호 작용할 수 있는 가상 공간을 제공한다. 대표적인 예로는 세컨드 라이프(Second Life), 알트스페이스VR(AltspaceVR), 모질라 허브(Mozilla Hubs) 등이 있어, 협력적 학습과 맞춤형 교육을 지원하고 교사와 학생은 자유롭게 가상 공간을 설계하고 맞춤형 교육 콘텐츠를 구현할 수 있으며, 지리적 제약 없이 전 세계 어디서든 참여할 수 있어 글로벌 학습 환경을 형성할 수 있다는 장점이 있다.

증강현실은 모든 가상의 객체와 주제가 인위적으로 컴퓨터를 통해 만들어진 가상현실과는 완전히 다르다. 증강현실은 현실 공간에서 디지털 미디어의 카메라를 통해 촬영된 가상의 콘텐츠를 3D로 표현하여 이용자의 단말기에 중첩되어 보이도록 하는 기술이다. 증강현실은 현실 세계에 가상 이미지, 사물, 정보를 덧붙여서 현실에 대한 실재감을 향상시키는 기술이라고 할 수 있다. 즉, 현실 세계에 편리성을 더한 기술이라고 보면 된다.

교육에서의 증강현실은 기술적 구현과 접근성에 따라 ① 마커 기반 증강현실(image based AR), ② HMD 기반 증강현실(head mounted display based AR)로 나뉠 수 있다(한송이, 2019; 한송이 · 임철일, 2020). 마커 기반 증강현실은 가장 일반적인 형태로 카메라가 특정 이미지나 패턴을 인식하여 해당 위치에 가상 객체를 증강시키는 방식으로 구현된다. 이 방식은 상대적으로 간단한 기술적 요구 사항과 저렴한 비용으로 인해 교육 분야에서 널리 사용된다. 예를 들어, 교과서나 학습 자료에 인쇄된 마커를 통해 학생들이 3D 모델이나 추가 정보에 쉽게 접근할 수 있고, 시간과 장소 상관없이 언제든지 재사용이 가능하기 때문에 접근성이 높다. HMD 기반 증강현실은 사용자가 착용하는 HMD 장치를 통해 현실 세계와 가상 객체를 융합하는 방식이다. 이 방식은 더 높은 몰입감을 제공하며, 사용자가 손을 사용하여 가상 객체와 상호 작용할 수 있는 기능을 갖추고 있다. 마이크로소프트 홀로렌즈(Microsoft HoloLens)나 매직 리프(Magic Leap)와 같은 장비가 대표적이며, 직접 관찰이 어렵거나, 텍스트로 설명하기 복잡한 내용을 디지털 기술을 활용하여 학습자 스스로 체험을 통해 심층적으로 이해하게 하거나, 효과적으로 문제를 해결할 수 있도록 할 수 있다.

거울 세계는 외부 세계를 시뮬레이션한 유형으로, 거

대한 현실 세계의 정보를 그대로 축소해 디지털로 옮긴 세계를 의미하며, 가능한 한 사실적으로 현실 세계를 나타내되 정보의 측면에서는 더욱 확장된 가상 세계다(한국교육학술정보원, 2022). 구글 어스(Google Earth) · 아마존의 블록 뷰(Block View) 같은 지도 · 내비게이션 프로그램, 디지털 트윈(Digital Twin), 음식 배달 · 숙박 예약 애플리케이션 등이 거울 세계의 예시이며, 거울 세계는 실시간으로 수집한 현실 공간의 대상 정보를 가상 공간에서 3차원 모델 방식으로 시뮬레이션 · 분석하여 그 결과를 현실에 적용한다는 것이 특징이다. 특정 목적과 편의에 따라 현실 세계를 가상에 확장한 영역인 거울 세계의 가장 큰 장점은, 학습자가 스스로 만들고 체험하면서 학습하는 경험 학습(learning by doing)이 가능하다는 점이며, 또한 현실과 가상이 융합된 환경에서 실시간으로 피드백을 받을 수 있다는 것이다. 이는 학습자가 즉각적으로 자신의 행동이나 선택에 따른 결과를 확인하고, 이를 바탕으로 문제 해결 능력과 비판적 사고를 향상시키는 데에 도움을 준다.

라이프로깅은 개인의 일상생활과 관련된 정보를 기록하고 저장하고 재현하는 기술이다. 라이프로깅은 이용자가 자신의 기록과 기억을 저장하고 타인과 공유하기 위하여 이용하는데, 대표적인 사례는 메타(Meta), 인스타그램(Instagram), 카카오스토리(kakaostory), 트위터(Twitter)와 같은 SNS인데, 자신의 삶과 관련된 다양한 경험을 저장하고 공유할 수 있다. 이러한 경험을 통해 온라인상에서 관계를 형성하고 상호 작용하며, 모든 데이터가 기록되고 학습 로그 데이터를 활용한 맞춤형 학습 지원이 가능하다. 또한, 애플 워치나 갤럭시 워치 등을 이용하여 하루 보행량, 보행 속도, 에너지 소모량을 비롯하여 시간과 위치 정보 등을 저장 · 공유하는 행위를 들 수 있다. 라이프로깅과 가상현실은 현실 세계를 보완한다는 점에서 가상현실과 유사하지만, 가상현실은 실제 대상이 아니라 가상의 대상을 다루며 라이프로깅은 현실 세계를 대상으로 한다는 차이가 있다. 라이프로깅은 콘텐츠를 통해 공유하고, 관계를 형성하고, 상호 작용하고, 기록들을 누적하며, 또 이것이 분석되고, 이에 따른 부가 가치가 산출되는 시스템을 가지고 있다는 특징이 있다. 라이프로깅은 자신의 생각, 소감문, 에세이 등을 작성하여 SNS, 학교 LMS, 실시간 교육 도구(예: 트랠로, 슬랙 능) 등에 올리고 자신의 글을 다른 사람과 공유하고 댓글을 통해 소통하는 등과 같은 교육적 활동을 활용할 수 있다.

ASF가 발표한 '메타버스 로드맵'의 4가지 유형(증강현실, 거울 세계, 가상현실, 라이프로깅)은 각각 유형을 다른 것으로 인지하고, 분리되어 발전되어 왔다. 하지만 최근 각 기술이 복합적으로 활용되고 있기 때문에 분류하는 자체는 크게 의미가 없어지는 실정이며, 용도에 맞게 최적화되어 있는 메타버스를 적절히 활용하는 것이 효과적일 것이다. 현재는 메타버스의 4가지 유형이 경계를 허물고 서로 융복합하며, 진화적으로 발전하고 있다.

교육용 메타버스의 형태

기술적 분류 외에 교육에서의 메타버스 활용은 수업의 목적과 형태 그리고 교수 학습 유형에 따라 ① 지식 습득형(lecture type), ② 체험 중심형(experience type), ③ 토론 · 토의형(discussion type), ④ 문제 해결형(problem-solving type), ⑤ 개발형(development type)으로 나뉠 수 있다(Lim et al., 2024).

지식 습득형 수업은 교수자 중심의 강의식 학습 방식을 메타버스 환경에서 구현한 형태를 의미한다. 다양한 메타버스 플랫폼을 활용하여 진행되는 이러한 수업은 교수자가 주도적으로 학습 과정을 이끌고, 학습자는 교수자의 강의를 수용하는 방식으로 구성된다. 이 방식은 메타버스 플랫폼의 기능을 기반으로 한 일방적인 지식 전달과 학습 자료 공유를 중심으로 한다. 지식 습득형 수업의 대표적 유형으로는 강의식 수업, 일방향 특강, 전문가 멘토링 등이 있다. 이러한 유형의 수업은 학습자의 능동적 참여가 상대적으로 낮고 교수자가 정보를 일방적으로 제공하는 방식으로 이루어진다. 따라서 메타버스 플랫폼에서는 고급 기능보다는 음성 채팅이나 텍스트 채팅과 같은 간단한 상호 작용 도구가 주로 활용된다. 또한, 특정 주제에 대한 강의를 제공하거나 다양한 분야의 전문가 · 강사를 초청하여 질의응답 세션을 포함한 학습 활동을 진행할 수 있다.

수다르마지와 유수프(Sudarmaji & Yusuf, 2021)는 초등학교 5학년을 대상으로 마인크래프트 플랫폼을 활용하여 어휘 학습을 진행한 연구를 통해, 학생들이 더 쉽고 빠르게 학습하며 스트레스를 덜 받고 흥미를 느끼는 학습 경험을 제공할 수 있음을 입증했다. 한송이 외(2022)는 SKT의 이프랜드 모바일 기반 메타버스 플랫폼을 활용하여 전문가 멘토링 수업을 진행하며, 장소 제약 없이 모바일 환경에서 간편하게 강의를 제공할 수 있다는 점을 메타버스 기반 지식 습득형 수업의 주요 장점으로 강조했다.

체험 중심형 수업은 학습자가 메타버스 학습 환경을 활용하여 일반적인 교수 · 학습 환경에서 체험할 수 없는 것들을 다양하게 체험해 볼 수 있는 형태의 교수 · 학습을 의미한다. 학습자들이 쉽게 경험할 수 없는 과거, 혹은 미래 사회의 모습을 가상 세계를 통해서 경험할 수 있으며, 학습자들이 쉽게 경험할 수 없는 실험이나 실습 등도 체험형 학습에서 이루어질 수 있다(한송이, 2019). 체험형 수업의 궁극적인 목표 중 하나는 메타버스를 통해 학습자가 완전히 다른 나를 경험함으로써 새로운 관점과 자아 개념을 습득하는 것이다. 아바타를 통해 다른 성별, 인종, 민족, 지역 등을 체험해 봄으로써 다양성에 대한 이해 · 공감 능력을 향상시킬 수 있다. 체험형 수업 유형의 예시로는 실험 · 실습, 게임 기반, 시뮬레이션 학습, 다양성 교육, 견학 등이 포함될 수 있다. 이러한 과정에서 간단하게는 메타버스 환경이 구축되어 있는 기업 · 단체 · 학교 등의 메타버스 공간을 방문함으로써 직 · 간접적 경험의 기회를 얻을 수 있고, 가상 · 증강 · 혼합 현실과 같은 에듀테크 기술이 활용될 수 있다.

호주의 캔버라그래머스쿨(Canberra Grammar School)은 마이크로소프트사의 홀로렌즈를 이용하여 피어슨사의 교육 콘텐츠(예: 지구 과학, 화합물의 분자 구조 등)를 적극적으로 교육 과정에 투입했고, 한국의 서울대학교 의과대학도 홀로렌즈와 가상현실 수술 테이블 아나토마지를 활용하여 예비 의사의 수술과 상담 역량에 적극적으로 활용하고 있다.

토론 · 토의형은 학습자들이 중심이 되어 가상의 공간에 모여 토론 · 토의 등의 협력 활동을 함으로써 학습이 이루어지는 형태를 의미한다. 학습자들은 가상 공간을 활용하여 공간의 제약 없이 서로 소통할 수 있으며, 아바타를 통해 실재감 있는 토론을 진행할 수 있다. 게다가 아바타라는 가상의 인물을 통해 더욱 적극적이고 자신감 있게 토론에 임할 수 있으며, 다양한 의견을 교환함으로써 창의적인 아이디어를 도출할 수 있다. 여기에 더해 다른 지역이나 다른 나라의 학생들과도 메타버스를 활용하여 만날 수 있으며, 토론과 토의를 진행할 수 있다.

메타버스에서 진행되는 토론 · 토의형은 주로 주요 플랫폼의 O/X존이나, 찬성/반대와 같은 페이지를 미리 설정해 놓으면, 학습자들이 자신의 의견을 논리적으로 제시하고 다른 학습자의 의견을 포용적으로 수용한다. 한국의 한 초등학교 6학년 국어 수업에서는 개더타운(Gather Town)을 활용하여 "자신의 생각과 상대방의 생각을 비교하며 토론하기"의 주제로 2차시에 걸쳐 수업이 진행되었고(Kye et al., 2022), 한국의 동국대학교에서는 학습자끼리 실시간 검색을 통해 토론하고, O/X 측이 서로 의사소통할 수 있도록 공간을 구성했다(한송이 외, 2023). 이러한 과정을 통해 토론이 효과적이고 실제처럼 이루어질 수 있도록 했다.

문제 해결형은 주어진 문제를 해결하는 데에 메타버스가 활용되는 학습 형태다. 학습자들은 메타버스 학습 환경을 이용하여 협력적으로 문제를 해결할 수 있으며, 학습자들은 가상 공간의 물체를 활용하거나 가상 공간의 편리성과 확장성을 바탕으로 문제를 해결함으로써 문제 해결력을 기를 수 있다. 문제해결형 수업 유형의 예시로는 프로젝트 기반 학습, 협동학습, 문제 기반 학습이 있다.

한국의 한 초등학교에서는 로블록스를 활용하여 STEAM기반 창작 기반 융합 교육을 진행했고, 학생들이 주도적으로 문제를 해결하는 과정에서 창의력, 소통능력, 비판적 사고력, 협동성을 함양하도록 했다(윤진영, 김연형, 이채원, 2021). 한송이 외(2023)는 SKT의 젭(ZEP)을 통해 학생들이 메타버스 학습 환경을 이용하여 함께 문제를 해결할 수 있도록 했다.

창작형은 학습자들이 메타버스 학습 환경을 활용하여

코딩을 하거나 직접 학습 과제물을 제작하는 활동을 수행하는 교수 학습 유형을 의미한다. 학습자들은 메타버스 학습 환경에서 상호 작용하거나 교수자가 아닌 전문가와도 적극적으로 소통하며 새로운 창작물을 만들어 낼 수 있으며, 주어진 주제에 관해 탐구하고 결과물을 도출하여 그 결과물을 전시할 수 있다. 개발형 수업 유형의 예시로는 메이커 교육, 코딩 수업, 실기(창작) 수업, 메타버스를 활용한 콘텐츠 제작 · 표현, 결과물 공유 · 전시 등이 포함된다.

보스 외(Bos et al., 2014)에서는 미국 초등학교 1~6학년을 대상으로 마인크래프트를 활용한 수학 수업을 진행했다. 미국의 수학 교과에 대한 공통 핵심 주 표준(Common Core State Standards for Mathematics, CCSSM)에 따라 학년별 활동을 달리 제공하고 있다. 예를 들어 CCSSM 3학년은 10진수 숫자와 연산 단원의 학습을 위해 마인크래프트 내에서 10개의 탑을 건설하고, 각 구조물의 큐브 개수를 곱셈과 덧셈을 활용하여 구하는 활동을 한다. 한송이 외(2023)는 "메이커 교육의 이론과 실천"이라는 교과목에서 국내의 네이버 제트(NAVER Z)에서 개발한 메타버스 플랫폼 젭(ZEP)을 통해 학생들이 직접 창작할 수 있도록 했고, 이러한 과정에서 실제 현장을 방문하거나 전문가의 면담을 통해 주어진 주제에 대해 탐색하고 결과물을 창작할 수 있도록 했다.

강의형에서 창작형으로 나아가면서 학생의 능동성은 더욱 확대되는 특징을 가지고 있으며, 한 가지 유형만 활용하는 것이 아니라, 교육 목표에 따라 여러 유형을 융합한 형태로 운영할 수 있다.

참고문헌

윤진영 외(2021). 메타버스를 활용한 창작 기반 융합교육 프로그램 개발 연구. ≪한국과학예술융합학회≫, 39(5), 273-283쪽.

임철일 외(2023). 초 · 중등교육에서 메타버스의 교육적 활용을 위한 교수학습방법에 따른 유형화 및 전략 개발 연구. ≪교육정보미디어연구≫, 29(4), 1007-1036쪽.

한국교육학술정보원(2022). 『메타버스 교육적 활용을 위한 가이드라인 연구』.

한송이(2019). 『증강현실 기반 수업 설계 원리 개발 연구』. 서울대학교 대학원 박사학위 논문.

한송이(2024). 『생성형 AI를 활용한 미래교육』(제2판). 교육과학사.

한송이 외(2022). 『교육용 메타버스 교수·학습환경 전략 연구 보고서』. 동국대학교 교수학습개발센터.

한송이 외(2024). 교육용 메타버스 플랫폼 개발 및 운영 사례 연구: D 대학교를 중심으로. ≪학습자중심교과교육연구≫, 24(4). 1019-1039쪽.

한송이·임철일(2020). 국내 증강현실(AR) 기반 교육 연구 동향 분석: 2008-2019년을 중심으로. ≪교육공학연구≫, 36(3), 505-528쪽.

Acceleration Studies and Foundation(2006). *Metaverse roadmap: Pathway to the 3d web.*

Bos, B., (2014). Learning mathematics through Minecraft. *Teaching children mathematics*, 21(1), pp.56 – 59.

Kye, B., et al.(2022). *Research on the development metaverse-based teaching and learning model.* Korea education and research information service.

Lim, C., et al. (2024). Guidelines for educational uses of metaverse. In C. Nam et al.(Eds.), *Human-centered metaverse* (pp.213-257). Elsevier.

Sudarmaji, I., & Yusuf, D. (2021). The effect of Minecraft video game on students' English vocabulary mastery. *JETAL: Journal of English teaching & applied linguistic*, 3(1), pp.30-38.

03
인공지능 활용 교육의 접근

인공지능 교육의 중요성이 부각됨에 따라, 교육 현장에서도 다양한 형태의 인공지능 교육이 도입 · 실행되고 있다. 이에 따라 여러 연구자들은 인공지능 교육의 교육적 패러다임을 체계적으로 분류하고자 지속적인 연구를 진행하고 있다. 본 장에서는 인공지능 교육을 더 명확하게 이해하기 위해 ① 인공지능 이해 교육과 ② 인공지능 활용 교육의 두 가지 범주로 구분하여 정리하였다.

AI와 난임 극복?

인공지능 이해 교육

인공지능 이해 교육(AI education, learning about AI)은 인공지능 자체에 대한 교육으로, 교육의 내용이 인공지능이 되는 것을 말한다. 즉, 교과로서 인공지능을 가르치는 것으로, 인공지능에 대한 개념 · 원리 · 알고리듬 설계 · 개발 · 활용 · 평가를 비롯하여 인공지능을 위한 소양과 윤리적인 부분에 중점을 두고, 인공지능에 대한 지식과 기능을 학습자가 함양하는 데에 중점을 둔다.

이를 위해 국내외 교육 전담 기관에서는 인공지능 이해 교육을 위한 지원과 정책적 발판을 마련하고 있다. 미국은 국립과학재단(NSF)의 주도하에 인공지능 교육을 위한 지원 사업을 시행하고 있는데 'AI4K12'의 '5 빅 아이디어'(인식, 표현과 추론, 학습, 자연스러운 상호 작용, 사회적 영향)을 개발하고 인공지능 교육 과정을 설계했다. 중국은 국가 차원에서 인공지능 발전 중장기 계획을 수립하여 실시하고 있고, 유치원에서부터 시작하는 인공지능 교과서 · 교과 과정을 개발하고 있다. 이 외에 초 · 중등 학생을 위한 싱가포르의 '아동을 위한 AI(AI for Kids)', 중등 학생의 인공지능 교육을 위한 인도의 CBSE(Central Broad of Secondary Education) 교육 과정, 일반 시민의 인공지능 교육을 위한 핀란드의 'AI의 기초(Elements of AI)' 등이 있다.

인공지능 활용 교육

인공지능 활용 교육(AI in education, learning with AI)은 교수·학습의 질을 높이고자 AI를 수업 도구로 활용하는 것을 말한다. 인공지능을 교육 상황에서 도구로 활용하는 경우, 인공지능 기술을 활용하여 학습자들의 학습을 효율적으로 도와주는 방법을 의미한다. 이러한 과정에서 학습자 개별 학습 상태·수준을 분석한 데이터를 바탕으로, 맞춤형 콘텐츠를 제공받고, 자기 주도적으로 학습을 할 수 있게 된다.

먼저 인공지능 활용 교육은 지능형 튜터링 시스템(intelligent tutoring system, ITS), 대화형 튜터링 시스템(dialogue based tutoring system, DBTS), 탐구 학습 시스템(exploratory learning environments, ELEs)으로 나누어 볼 수 있다. 지능형 튜터링 시스템은 단계별 교수와 과제, 맞춤형 학습 경로를 계열화하고 실시간 맞춤형 피드백을 제공하는 것이 특징이다. 학습 위계와 지식의 구조화가 명확한 수학이나 과학 등과 같은 교과에서 주로 활용되고 있으며, 대표적인 사례로는 카네기 멜런 대학(Carnegie Mellon University)에서 개발한 매시아(MATHia), 뉴턴

(Knewton)사에서 개발한 알타(Alta) 등이 있다. 대화형 튜터링 시스템(DBTS)은 지능형 튜터링 시스템(ITS)의 한 종류로, 학습자들을 학습 주체에 대한 대화에 참여시키는 방법이며, 대표적인 사례로는 일리노이 공과대학에서 만든 멤피스 대학에서 개발한 오토튜터(AutoTutor), IBM과 피어슨(Pearson)이 공동 개발한 왓슨튜터(Watson Tutor) 등이 있다.

지금까지 살펴본 교육 분야에서의 인공지능 접근 방법은 어떠한 개념을 중요시하느냐에 따라 크게 '내용으로서의 인공지능'과 '도구로서의 인공지능'으로 나뉘는 것에는 대다수가 동의하는 듯하다. 그러나 이러한 구분은 상호 배타적이라기보다는 두 가지 접근 방식이 상호 보완적으로 작용하며, 통합적으로 포괄하고 혼용되어 활용되고 발전되고 있다.

참고문헌

김태령 외(2020). 초중등 인공지능 교육을 위한 프레임워크 기초 연구. ≪인공지능연구 논문지≫, 1(1), 31-42쪽.

임철일(2024, 7월). 『AI 융합교육 현황과 발전방향』. AIEDAP·서울대학교 미래교육혁신센터 공동 학습 포럼.

최숙영(2023). AI 융합교육의 이해와 해결 과제에 대한 고찰. ≪산업융합연구≫, 21(1), 147-157쪽.

한송이·김태종(2022). 국내 인공지능 교육 연구 동향 분석. ≪학습자중심교과교육연구≫, 22(13), 281-294쪽.

04
메타버스와 인공지능의 이론적 기저

메타버스와 인공지능의 결합은 교육적 활용의 접근 방식을 더욱 다층적이고 유연하게 확장시켰다. 그러나 이러한 교육적 활용의 효과성을 단일한 이론으로 설명하거나 정당화하기에는 한계가 있다. 메타버스와 인공지능의 복합적인 특성과 활용 가능성을 고려할 때, 다양한 이론적 관점이 혼합적으로 적용되고 있는 것이 현실이다. 이에 본 논의에서는 메타버스와 인공지능의 교육적 활용을 뒷받침할 수 있는 이론적 기반을 다각적으로 탐구하고자 한다.

AI와 사주?

구성주의

테크놀로지의 발달과 함께 가장 활발히 논의되고 있는 이론 중 하나는 구성주의적 학습 이론이며, 메타버스와 인공지능 활용 수업에서 이루어지는 학습을 이해하는 측면에서 구성주의(constructivism)를 고려해 볼 수 있다.

행동주의와 인지주의가 지식은 인간의 외부에 객관적으로 존재하며, 지식을 알아 가는 과정, 즉 학습에 대해 심리학적으로 접근하려고 하는 반면, 구성주의는 지식은 교수자로부터 모든 학습자에게 동일하게 전달되는 것이 아니라, 학습자 개개인이 들어오는 지식을 나름대로 구성한다고 본다(나일주 · 조은순, 2016). 즉, 구성주의에 따르면, 학습은 학습자가 지식의 내적인 표상을 형성하는 과정이며(Bruner, 1960, 1966; Vygotsky, 1978), 실제 세계에 대하여 학습자가 경험하는 것을 스스로가 인식하는 방식에 따라 개인 내부에서 지식을 재구성해 가는 능동적이고도 적극적인 과정이라고 본다(Lave & Wenger, 1991). 특히, 교수자가 일방적으로 지식을 전달하던 과거와는 달리, 테크놀로지의 발달은 학습자들이 정보와 지식에 스스로 접근할 수 있도록 했고 이는 수동적인 학습자를 능동적인 학습자로 참여할 수 있도록

해 준다. 이러한 학습자와 교수자의 역할 변화뿐만 아니라 구성주의적 관점이 교육 공학에 가지는 의의를 다음과 같이 여섯 가지로 설명했다(박성익 외, 2007; 박성익 외, 2021; 임철일 외, 2011).

첫째, 학습자 중심의 학습 환경을 강조했다. 구성주의에서는 학습이란 객관적으로 존재하는 지식이 전달되는 것이 아니라, 개인의 경험에 의해 구성되는 과정임을 지적함으로써 학습의 주체로 학습자를 강조한다. 객관주의적 전통에 기초한 학습 이론들에서는 교사의 활동이 강조되며 학습자의 원활한 학습 활동을 돕고자 교수자는 다양한 자극 자료나 인지적 과제를 제시하고 설명하는 등 주로 교수자 중심의 학습을 강조한다. 하지만 구성주의에서는 학습자의 활동이 주된 관심의 대상이 된다. 즉, 학습자가 능동적으로 학습에 참여하여 주도적으로 지식을 재구성하는 것을 강조하므로 학습자 중심의 학습, 학습자의 능동적인 학습 참여를 주장했다. 그렇기에 구성주의 입장에서의 교수 설계는 교수 과정을 구조화시키는 것이 아니라, 학습이 이루어질 수 있는 환경의 설계에 관심이 많다.

둘째, 구성주의는 맥락에서 분리된 사실적 정보 대신에 지식이 사용되는 실제적인 과제와 맥락의 중요함을 강조한다. 즉, 지식은 실제로 사용되는 맥락과 분리되어 가르칠 수 없으며, 유의미한 학습이 이루어지려면 지식이 실제로 사용되는 맥락과 함께 제공될 필요가 있다는 것이다. 또한 지식이 제공되는 맥락은 복잡하고, 비구조화된 실제의 상황과 매우 유사한 것이어야 하며, 그 속에서 학습자들이 다루게 되는 과제 역시 학습자들의 일상생활과 밀접하게 관련되어 있는 실제적인 것이어야 한다. 따라서 현실적으로 지식이 사용되는 맥락에서 실제적인 과제를 통해 학습할 때 지식이 실제적으로 요구되는 상황에 적용될 수 있게 된다는 것이다.

셋째, 문제를 중심으로 한 문제 해결적 학습을 강조했다. 구성주의 학습 환경에서는 지식이 적용될 수 있는 문제를 중심으로 학습을 제공함으로써 문제 상황에 대한 이해와 관련된 정보를 회상하는 능력, 문제 해결 과정에 대한 초인지적 감지 능력, 전문가들이 실세계의 문제 해결에서 경험하는 사고력을 촉진하고자 한다(Winn, 1993). 따라서 문제 해결 중심의 학습 방법은 구성주의적 아이디어를 적용하기에 가장 적합한 방법으로 인식되고 있고, 많은 구성주의적 접근들이 문제 해결 중심의 학습 방법을 사용하고 있다.

넷째, 학습에서 사회적 상호 작용과 협동 학습을 강조

했다. 사회적 구성주의에 의하면 학습에서 사회적 상호 작용은 중요한 요소가 된다. 그렇기에 구성주의적 학습 환경에서는 학습자들의 협동 학습이 강조된다. 구성주의 접근은 지식의 구성 과정에서 개인의 인지적 작용을 중요시하는 인지적 구성주의와 타인과의 다양한 상호 작용을 통해 지식을 재구성하는 것을 강조하는 사회적 구성주의로 구분되는데, 두 가지 관점 모두 지식의 구성에서 개인의 내적인 인지 활동과 함께 사회·문화적인 상호 작용이 중요함을 강조하고 있다. 사회적 상호 작용과 협동 학습은 학습자들의 정서적 안정감·유대감을 강화하고 학업 성취에도 긍정적 효과가 있는 것으로 밝혀진 바 있다. 이러한 관점에서 볼 때, 공동체 내에서의 상호 작용은 반성적 사고를 유발하고, 학습을 촉진하게 된다. 학습자들은 다른 동료나 선배들과의 상호 작용을 통해 근접 발달 영역을 확대해 나가며, 사회·문화적인 지식을 습득하게 되고, 이러한 사회적인 상호 작용을 통해 개인의 인지적 발달을 촉진하며, 학습자의 능력을 향상시키게 된다(박성익 외, 2007).

다섯째, 교사 역할의 변화다. 객관주의에서 교사의 역할은 지식 전달자였다. 구성주의에서 교사의 역할은 학습자가 의미를 구성하는 과정을 도와주는 학습 보조자,

촉진자, 코치, 조력자가 되어야 한다(Duffy & Jonassen, 1991; Winn, 1993). 그렇기에 교사는 학습자가 의미를 구성하도록 도와주고, 지속적인 피드백과 도움을 제공하며 학습자가 스스로 문제를 해결해 나갈 수 있도록 도와주어야 한다.

여섯째, 평가에서 다양한 가능성을 종합적으로 판단하는 평가 방법과 맥락 중심의 평가 방법이 중요함을 시사했다. 오랫동안 평가는 교수 활동과 분리되어 이루어져 왔으며, 개인의 능력과 성취도를 판단하는 데에 중요한 역할을 수행해 왔다. 하지만 구성주의에서는 평가가 학습자의 다양한 문제 해결 능력을 종합적으로 판단하는 방식으로 이루어질 필요가 있음을 강조하며, 학습자가 문제를 해결하고 지식과 기능을 새로운 상황에 전이할 수 있는 능력에 초점을 둔다. 아울러, 평가는 과제와 분리된 것이 아니라 문제 해결 자체에 포함되어 있으며, 교수·학습 상황에서 실제 문제를 해결하는 수행 과정에 임하여 지식을 이용하여 어떻게 문제를 해결하는지를 자연스럽게 판단하는 형태로 이루어져야 한다는 것이다.

구성주의 학습 환경은 문제 중심 학습, 실제적 과제를 활용한 학습, 그리고 학습자 중심의 환경에서 학습자가 학습 활동에 주도적으로 참여하도록 설계된 환경을 의미한다. 구성주의에 따르면, 지식은 학습자의 경험, 이전 지식, 그리고 환경과의 상호 작용을 통해 재구성되는 과정이므로, 교수 설계는 이러한 지식 구성을 촉진할 수 있는 풍부한 학습 환경을 설계하는 데에 초점을 둔다(나일주, 2007; 박성익 외, 2007; Cunningham, 1992; Gijselaers, 1996; Hannafin & Land, 1997; Jonassen, 1995; Vygotsky, 1978).

메타버스와 인공지능의 융합은 구성주의 학습 환경을 구현하는 데에 중요한 역할을 하고 있다. 메타버스는 학습자에게 실제적이고 몰입감 있는 가상 학습 환경을 제공함으로써, 문제 중심 학습과 실제적 과제를 더욱 효과적으로 수행할 수 있는 장을 마련한다. 학습자는 메타버스에서 자신의 행동과 의사 결정이 학습 결과에 영향을 미치는 동적 환경을 경험하며, 이를 통해 지식을 스스로 구성하게 된다. 한편, 인공지능은 학습자 개개인의 데이터를 분석하여 개인화된 학습 경험을 제공하고, 학습자의 참여와 성취를 실시간으로 피드백하며, 학습 환경을 최적화한다. 인공지능은 학습자의 이전 지식과 행동 데이터를 기반으로 적합한 학습 콘텐츠와 과제를 제공하며, 이는 구성주의에서 강조하는 학습자의 경험과 환경

간의 상호 작용을 심화시키는 데에 기여한다.

결과적으로, 메타버스는 학습자가 지식을 재구성할 수 있는 물리적 · 사회적 학습 환경을 제공하고, 인공지능은 이 환경에서 학습자의 경험을 세밀히 조정하고 강화함으로써, 구성주의 교수 · 학습 전략의 실현 가능성을 크게 확장하고 있다. 이는 학습자 중심의 능동적 학습을 촉진하는 새로운 교육 패러다임으로 자리 잡아가고 있다.

경험 학습 이론

경험학습(experimental learning)이란, 단순 암기나 직접 교수가 지식을 전달하는 것이 아니라, 학습자가 직접 체험하고 성찰하는 과정을 통해 학습이 이루어지는 것을 말한다. 경험 학습 이론은 존 듀이(John Dewey)와 피아제(Piaget)의 인지 발달 이론에 근간을 두고 있으며, 전통적인 형식 교육에서 전환하고자 했던 존 듀이는 '모든 진정한 교육은 경험을 통해 일어난다'고 주장하며 본격적으로 경험을 중심에 둔 교육 논의를 전개했다.

린더먼(Linderman, 1962)은 '경험은 성인 학습자의 살아있는 교과서와 같다'고 함으로써 학습에서 경험이 중요함을 인정했다. 또, 루이스와 윌리엄스(Lewis &

Williams, 1994)는 경험학습이란 '경험으로부터 학습하는 것' 또는 '무엇인가를 행함으로써 학습하는 것'을 뜻하며, 학습자가 경험한 후 새로운 역량, 새로운 태도 또는 새로운 방식을 개발해 성찰하는 것이라고 했다. 나일주(2007)는 학습에서의 경험은 '경험에 의한 학습(learning by doing)'과 '경험으로부터의 학습(learning from experience)' 모두를 포괄적으로 함의하는 개념이라고 했다. 경험에 의한 학습은 학습할 내용을 실제적으로 수행하면서 습득하게 되는 양상과 방식에 초점을 둔 개념이라면, 경험으로부터의 학습은 지식의 원천으로서 개인적 경험의 중요성을 강조하여 학습 과정에 학습자를 중심에 두는 개념이라고 할 수 있다고 했다.

다양한 학자에 의해 경험 학습에 대해 많은 연구가 이루어졌지만, 그중에서도 17년간의 연구를 거쳐 1984년 저서 『경험 학습(Experiential Learning: Experience as The Source of Learning and Development)』을 통해 경험의 변화를 통해 창출되는 과정으로서의 경험 학습 모형을 제안했던 콜브(Kolb, 1984, 1985, 2014)는 학습의 결과물보다는 학습의 과정에 치중하면서, 학습은 경험을 원천적으로 하는 지속적인 과정이며, 다양한 경험의 본질에 따라 경험의 변화는 다양하게 지식을 구성한다고 했다. 즉, 학습은 경험의 변화를 의미하는 것으로, 이러한 인지 과정의 변화가 곧 학습이라고 했다. 그는 경험 학습이란 경험의 전환(transformation)을 통해 지식을 찾아내는 과정이라고 정의했다(Kolb, 1984, 1985, 2014).

메타버스와 인공지능은 경험 학습을 효과적으로 지원하며, 학습자가 실제 상황과 유사한 환경에서 경험을 통해 지식을 습득하고 성찰할 수 있도록 돕는다. 메타버스는 몰입형 가상 환경을 제공하여 학습자가 위험이나 제약 없이 복잡한 문제를 해결하거나 실제와 유사한 시뮬레이션을 경험할 수 있게 한다. 예를 들어, 의료 교육에서는 메타버스를 활용해 가상 수술 환경을 제공하여 학습자가 직접 실습하며 실질적인 경험을 쌓을 수 있다. 여기에 인공지능은 학습자의 행동과 성과를 실시간으로 분석하고, 맞춤형 피드백과 학습 경로를 제시함으로써 학습 효과를 더욱 증진시킨다. 이러한 융합은 학습자가 단순한 정보 수용을 넘어 능동적으로 학습 과정에 참여하고 경험을 통해 의미 있는 지식을 구성하는 데에 기여한다.

상황학습 이론

상황 학습(situated learning) 이론은 구성주의적 교육철

학에 바탕을 둔 교수 학습 이론으로서, 듀이(Dewey, 1963)의 경험주의 학습 이론에 근거한 이론이다. 구성주의는 학습자의 개인적인 경험에 기초하여 학습자의 지식 구성을 보는 관점으로, 현실과 유사한 맥락에서 학습이 이루어질 때 학습이 효과적으로 일어난다고 보았다. 상황 학습 이론은 학교에서 배운 지식이 실제 생활에 거의 쓰이지 않는다는 전통적인 학교 교육의 문제점에 대한 대안으로 등장했으며, 상황 학습 이론가들은 학교 학습이 효과적이지 못하고 학교에서 배운 지식이 실생활에 활용되지 않는 이유를 지식이 실제 사용되는 맥락과 분리되어 교육된 결과라고 말한다(Brown et al., 1989). 즉, 상황 학습은 실제 상황을 기반으로 하는 실제적인 복잡한 문제 · 과제를 설계하기 위해서는 지식이 사용되는 방법을 보여 줄 수 있는 상황이나 맥락을 고려해 그 맥락 안에 지식을 제시해야 한다는 것 이다.

상황 학습이 강조하는 주요 개념으로 협력, 실천 공동체(community of practice), 합법적인 주변적 참여(legitimate peripheral participation) 등이 있지만, 다중 사용자 기반 가상 환경(multi-user virtual environment, MUVE)은 메타버스의 주요 요소인 아바타를 매개로 학습할 수 있는 학습 환경 중 하나다. 다중 사용자 기반 가상 환경 내에서는 학습자들이 자기 자신을 나타낼 수 있는 아바타를 활용하여 다른 아바타와 상호 작용하여 실제적인 문제를 해결할 수 있다.

이는 메타버스의 유형 중 증강현실과 가상현실에서 적용할 수 있는데, 실제로 금전적인 문제나 위험 부담의 문제로 체험하지 못하는 경험을 현실의 맥락적 요소를 반영하여 콘텐츠를 체험하는 것도 하나의 예시가 될 수 있고, 라이프로깅처럼 본인의 정보를 기반으로 다양한 맥락에서 이용자의 일상생활 전반에 대한 방대한 데이터를 수집해서 분석하고 개인에 상황에 맞는 정보를 제공해 줄 수도 있다. 실제로 테크놀로지의 발달로 상황 학습 이론은 다양한 분야에서 더욱 활발하게 적용되고 있다.

체화 학습 이론

체화된 인지란, 인지와 지각을 분리된 것으로 보았던 기존 전통적인 인지적 관점에서 벗어나, 인간의 인지(cognition)와 과정은 지각(perception)적 경험과 신체와 환경과의 상호 작용에 바탕을 두고 있다는 인지 심리학적 관점이다(Driscoll, 2000; Wheeler, 2015; Wilson, 2002). 존슨(Johnson, 1999)은 저서 『몸의 철학(Philosophy in the Flesh: The Embodied Mind and Its Challenge to Western Thought)』에서 "지각이나 운동과 같은 신체 능력과 분리된, 그리고 신체 능력으로부터 독립적인 완전히 자율적인 그러한 이성 능력은 존재하지 않는다"라고 했다. 즉 신체적 활동을 통한 감각 정보는 정보 처리 전 과정에 영향을 줄 수 있으며, 여러 자극 중 사용자는 신체적 활동을 기반으로 한 감각 기관에서 받아들이고, 신체 변화에 따라서 인지 영역이 달라질 수 있다는 것이다.

메타버스를 활용한 교육에서 사용자는 능동적이고 적극적인 참여를 기반으로 한다. 특히 실제적인 사용자 조작으로 학습 참여가 이루어지기 때문에 더욱 몰입된 학습 환경 경험이 가능하다. 메타버스에서 학습자는 마우스나 키보드로 아바타를 움직이는 간단한 신체적 활동에서 HMD와 컨트롤러를 활용한 신체적 활동까지 다양하게 경험하게 되는데, 이러한 손동작 혹은 몸의 움직임은 학습 중 일어나는 인지 처리 과정을 더욱 효과적으로 도와줄 수 있을 것이다. 또한, 메타버스 활용 교육에서 학습자가 어떤 명령어를 실행했을 때 아무 반응도 나타나지 않거나 본인과 다른 아바타를 활용할 때는 행동에 묵시적인 변화가 일어나 유의미한 학습 경험이 제공될 수 없다.

체화 학습(embodied learning) 이론의 특성을 고려할 때, 학습자가 직접 몸을 움직여서 참여할 수 있게 하는 활동은 학습자들에게 흥미와 긍정적인 태도를 증진시켜 줄 수 있고, 1인칭 시점에서 보이는 아바타 혹은 내 신체 일부가 내 피부색과 유사할 때, 신체 소유감(body ownership)이 증가해 더욱 효과적인 체험이 일어날 수 있다. 이 때문에 최근 개발된 메타버스 플랫폼은 소유자의 사진을 넣으면 3D 아바타를 만들거나, 다양한 아바타 꾸미기 아이템을 활용하여 사용자 입맛에 맞는 아바타 설정이 가능하도록 하는 등, 체화된 인지는 컴퓨터 기반 환경과 3D 설계에서 활발히 적용되고 있다.

참고문헌

강인애(1997). 『왜 구성주의인가: 정보화시대와 학습자중심의 교육환경』. 문음사.

나일주(2003). 『시각지능』. 서울대학교 교육행정연수원.

나일주(2004). 『비주얼, 언어, 그리고 문화』. 서울대학교 교육공학연구회 특강자료.

나일주(2007). 『교육공학 관련 이론』. 교육과학사.

나일주·조은순(2016). 『교육 공학 탐구』. 박영사.

박성익 외(2007). 『교육방법의 교육공학적 이해』(개정판). 교육과학사.

박성익 외(2021). 『교육공학과 수업』(제6판). 교육과학사.
임철일 외(2011). 공학교육에서의 창의성 증진을 위한 학습 환경 설계모형. ≪공학교육연구≫, 14(4), 3-10쪽.
Brown, J. S., et al.(1989). Situated cognition and the culture of learning. *Educational Researcher*, 18(1), pp.32-42.
Bruner, J.(1960). *The process of education.* Harvard University Press.
Bruner, J.(1966). *The process of education: Towards a theory of instruction.* Vintage.
Cunningham, D. J.(1992). Beyond educational psychology: Steps toward an educational semiotic. *Educational psychology review*, 4, pp.165-194.
Dewey, J.(1963). *Experience and education*(2nd ed.). Collier Books.
Driscoll, M(2000). *Psychology of learning for instruction.* Allyn & Bacon.
Duffy, T. M., & Jonassen, D. H.(1991). Continuing the dialogue: An introduction to this special issue. *Educational technology*, 31(9), pp.9-11.
Gijselaers, W. H.(1996). Connecting problem-based practices with educational theory. *New directions for teaching and learning*, (68), pp.13-21.
Hannafin, M. J., & Land, S. M.(1997). The foundations and assumptions of technology-enhanced student-centered learning environments. *Instructional science*, 25, pp.167-202.
Johnson, M.(1999). *Philosophy in the flesh: The embodied mind and its challenge to western thought.* Basic Books.
Jonassen, D. H.(1995). Supporting communities of learners with

technology: A vision for integrating technology with learning in schools. *Educational technology*, 35(4), pp.60-63.

Kolb, D.(1984). *Experiential learning: Experience as the source of learning and development*. Prentice Hall.

Kolb, D.(1985). *The learning style inventory*(2nd ed.). McBer.

Kolb, D.(2014). *Experiential learning: Experience as the source of learning and development*(2nd ed.). FT press.

Lave, J., & Wenger, E.(1991). *Situated learning: Legitimate peripheral participation*. Cambridge University Press.

Lave, J., & Wenger, E.(1991). *Situated learning: Legitimate peripheral participation*. Cambridge university press.

Lewis, L. H., & Williams, C. J.(1994). Experiential learning: Past and present. *New directions for adult and continuing education*, (62), pp.5-16.

Linderman, E. W.(1962). The relation of art picture judgment to judge personality. *Studies in Art education*, 3(2), pp.46-51.

Vygotsky, L.(1978). *Mind in society*. Harvard University Press.

Wheeler, M.(2015). Embodied cognition and the extended mind. In J. Garvey(Ed.), *The Bloomsbury companion to philosophy of mind*(pp.220-238). Bloomsbury Academic.

Wilson, M.(2002). Six views of embodied cognition. *Psychonomic bulletin & review*, 9, pp.625-636.

Winn, W.(1993). Instructional design and situated learning: Paradox or partnership?. *Educational technology*, 33(3), pp.16-21.

05
메타버스와 인공지능의 생태계

코로나19 팬데믹으로 인한 비대면 환경의 장기화는 메타버스와 인공지능에 대한 관심을 전 세계적으로 급격히 증대시켰다. 이에 따라 관련 플랫폼, 하드웨어, 소프트웨어를 비롯한 기술 전반에서 혁신적 발전이 가속화되고 있으며, 교육 · 비즈니스 · 의료 · 엔터테인먼트 등 다양한 분야에서 메타버스와 인공지능의 활용이 확대되고 있다. 본 장에서는 이러한 변화를 체계적으로 조망하고자 메타버스와 인공지능 생태계를 다섯 가지 범주로 구분해 분석하고, 각 기술의 교육적 · 사회적 · 산업적 의미를 심층적으로 탐색하고자 한다.

AI와 아이돌?

메타버스와 인공지능 기술: 소프트웨어

메타버스와 인공지능 관련 연구에서 가장 빠르게 발전하고 있는 부분은 소프트웨어, 즉 플랫폼 연구다. 코로나가 시작된 2020년 이후, 메타버스 플랫폼의 패권을 두고 빅테크 글로벌 IT 기업들이 들썩인 적이 있다. 메타버스를 구현하기 위해서는 수많은 기술이 뒷받침하고 있어야 하는데, 이를 일반 이용자가 만들어 내기란 쉽지 않다. 따라서 글로벌 IT 기업들이 개발해 놓은 플랫폼 혹은 그들의 오픈 소스를 활용하게 된다. 이에 따라 더 편리하고 접근성이 높은 플랫폼을 구축하여 더 많은 사용자를 확보하고, 사용자들의 소비 활동을 통해 경제 활동과 수익 창출을 극대화하려는 플랫폼 간 경쟁이 치열하게 전개되었다. 메타버스 관련 기술 표준들이 아직 만들어지지 않은 시점에서 구글 · 메타 · 마이크로소프트 등 글로벌 IT 기업은 플랫폼의 주도권을 가지려고 고군분투했고, 마이크로소프트는 혼합 현실 플랫폼 '메시(Mesh)'를 공개했고(2021), 메타는 가상현실 기기 제조사인 오큘러스를 인수하면서 오큘러스 퀘스트 2(Oculus Quest 2)를 활용한 '호라이즌(Horizon)'을 공개했다(2021). 구글은 3차원 온라인 영상 대화 기반 플랫폼 '스타라인(Starline)'을 공개했고(2021), 2025년도에 스타라인 프로젝트 공식 상용화를 예정하고 있다(AI리포터, 2024. 5.14). 엔비디아는 시뮬레이션 협업을 위한 가상 공간 플랫폼 '옴니버스 엔터프라이즈(Omniverse Enterprise)'를 공개했다(2021). 국내 대기업도 발 빠르게 움직이며, 네이버의 '제페토', SKT의 '이프랜드(Ifland)'가 국내의 대표적인 플랫폼으로 자리매김하고 있다.

하지만 챗GPT와 같은 인공지능 기술이 발전하면서 사람들의 관심은 메타버스와 함께 인공지능 기술에도 집중되기 시작했고, 자연어 처리(natural language processing, NLP)와 컴퓨터 비전(computer vision), 기계 학습(machine learning, ML), 딥러닝(deep learning)의 발전이 인공지능 기술의 핵심 동력이 되고 있다.

이러한 소프트웨어 기술 산업은 기술력을 보유한 스타트업과 신생 기업들에게 전례 없는 성공의 기회를 제공했다고 해도 과언이 아니며, 동시에 기술력과 핵심 기술을 확보한 다양한 기업이 시장의 주도권을 차지하기 위해 치열한 경쟁을 벌이고 있다. 각 플랫폼은 기술적 요소와 콘텐츠적 특성이 상이하기 때문에 특정 플랫폼이 우위를 점하고 있다고 단정하기 어렵다. 실제로, 전 연령대를 포괄할 수 있는 지배적 플랫폼은 아직 부재한 상황이다.

앞으로는 인공지능 기술을 기반으로 메타버스 내에서 개인화된 맞춤형 서비스를 제공하고, 세대와 연령의 경계를 초월하는 포용적인 소프트웨어 생태계를 구축하는 것이 핵심 과제가 될 것이다. 이를 위해 기술 혁신뿐만 아니라 사용자 경험에 대한 심층적 연구와 글로벌 트렌드에 발맞춘 콘텐츠 개발이 병행되어야 하며, 윤리적이고 지속 가능한 기술 활용 방안 또한 함께 논의되어야 한다. 궁극적으로는 사용자가 주체적으로 참여하고 창조할 수 있는 열린 생태계가 미래의 플랫폼 경쟁력을 좌우할 것이다.

메타버스와 인공지능 기술: 하드웨어

소프트웨어만큼 경쟁이 심한 부분은 실감형 기반 3차원(3D) 구현이 가능한 하드웨어 기기의 개발이다. 2D에 기반을 둔 PC와 스마트폰으로는 제한된 체험을 가능하게 해 주는 3D 기반 기기는 HMD가 대표적인데, 아쉽게도 현재까지는 활용 가치가 적고 비교적 높은 가격대 때문에 대중화되지 못해, 개발자 버전으로 베타 출시 중인 하드웨어가 많다. 이는 기존 메타버스 플랫폼으로 부족한 차별성을 HMD와 같은 기기를 활용하여 메타버스 사업의 확장성을 높인다는 것이다. 따라서 글로벌 빅테크 기업들은 기기 시장을 선점하기 위한 경쟁에 본격적으로 뛰어들었다. 대표적인 기기로는 마이크로소프트의 홀로렌즈 2, 애플의 애플 비전 프로(Apple Vision Pro)가 있고, 페이스북(Facebook)에서 회사 이름을 메타로 변경한 이후 기존의 오큘러스 퀘스트 제품명도 메타 퀘스트(Meta Quest)로 바뀌었다. 2020년 출시한 가상현실 헤드셋 '오큘러스 퀘스트 2'가 히트하며 전체 확장 현실(XR) 기기 시장의 약 75%를 차지했다(카운터포인트리서치 발표, 2021년 1분기 기준). 2019년에 내놓은 전작 오큘러스 퀘스트 1보다 100달러 저렴(299달러, 국내 가격은 41만 4천 원)해진 '가성비'를 앞세운 이 제품은 역대 가상현실 기기 가운데 최고 판매량을 달성한 것으로 알려졌다. 2023년 2분기 시장 조사에서도 메타의 점유율은 50.2%로 계속 선두를 달리고 있다(IDC Tracker, 2023). 메타는 이어서 2023년에 메타 퀘스트 3를 공개하며 관련 시장을 지속적으로 넓혀 가고 있다.

마이크로소프트는 2015년 홀로렌즈 1을 전문가용으로 출시했지만, 활용 콘텐츠가 그리 많지 않고 좁은 시야각, 높은 가격대(B2B 판매가 5,000달러, 국내 가격은 800만 원), 다소 무거운 점 등 때문에 활발히 사용되지는 않았다. 2019년에 출시한 홀로렌즈 2는 기존 홀로렌즈보다 더 넓은 시야각과 더 높은 착용감을 선보였지만, 콘텐츠의 부족과 높은 가격대(3,500달러, 국내 가격은 500만 원 전후)로 인해 일반인들의 많은 관심을 끌지는 못했다. 일반 소비자(B2C)가 아닌 기업 간 거래(B2B)로 시장을 공략하며, 지난 4월 마이크로소프트는 10년간 미국 육군에 홀로렌즈 12만 개를 공급하는 등 발 빠르게 기술력과 상품성을 높이고자 했으나, 홀로렌즈에 대한 기술 지원은 2027년에 마감된다고 발표하면서 사실상 마이크로소프트가 철수하는 것으로 받아들이고 있다(Heaney, 2024.8.1). 애플은 2024년도 1월 19일부터 북미 시장을 시작으로 사전 주문을 받기 시작하면서 같은 해 2월 2일에 정식 출시가 되었고, 한국은 예상과 달리 1차 출시국에서 제외되었다. 하지만 애플 비전 프로는 2024년도 11월 15일 국내 출시를 앞두고 있다. 앱 스토어에는 애플 비전 프로를 위해 개발된 25,000개 이상의 어플리케이션이 개발되어 있으나, 높은 가격대(국내 가격은 499만 원부터 시작, 256GB · 512GB · 1TB 저장 용량으로 제공), 킬러 콘텐츠의 부재, 상대적으로 작은 관련 시장 규모로 인해 국내 흥행 가능성은 불투명한 상황이다. 하지만 글로벌 IT 강자 애플이 적극적으로 HMD 시장에 뛰어든 만큼, 시장의 판도가 어떻게 변화하고 소비자들은 어떤 반응을 보일지 기대를 모으고 있다.

메타버스와 인공지능 기술: 인프라

메타버스와 인공지능이 결합된 플랫폼은 단순히 하나의 아바타만 존재하는 공간이 아니라, 가상 세계를 구성하는 건물 · 풍경 · 객체 등이 기하급수적으로 증가하며, 이를 지원하기 위해서는 고도의 기술 발전이 필수적이다. 이러한 가상 환경이 현실 세계 혹은 메타버스 플랫폼에서 실시간으로 송출되기 위해서는 초고속 인터넷 환경이 필수 조건이다. 특히, 사용자들의 다양한 활동으로 인해 생성되고 전송되는 데이터의 양이 방대하기 때문에 이를 처리하기 위한 안정적이고 대역폭이 넓은 통신망이 요구된다. 현재 5G를 넘어 6G의 대역폭과 전송 속도가 필수적이라는 논의가 진행 중이다.

이와 더불어, 데이터를 실시간으로 저장하고 전송하며 사용자 간 소통을 가능하게 하는 클라우드 서버 시스템과 하드웨어 기술도 중요하다. 데이터의 신속한 처리와 전송을 위해 에지 컴퓨팅(edge computing) 기술이 주목받고 있으며, 이는 데이터를 분산 처리하여 지연 시간을 최소화하고 효율적인 데이터 전송을 가능하게 한다. 또한, 메모리 반도체와 같은 하드웨어는 대용량 데이터를 빠르게 처리하는 데에 핵심적이다.

메타버스와 인공지능 생태계 구축 과정에서는 중앙 처리 장치(CPU), 그래픽 처리 장치(GPU), 인공지능, 블록체인, 가상 화폐 등의 요소 기술이 유기적으로 작동해야 한다. 고성능 CPU와 GPU는 복잡한 연산과 고해상도 그래픽 처리를 동시에 수행하여 플랫폼의 안정성과 확장성을 확보한다. 인공지능은 사용자 행동을 분석하고 맞춤형 콘텐츠를 제공하며, 가상 환경을 동적으로 구성하는 등 플랫폼 운영의 중심 역할을 맡는다. 또한, 블록체인 기술은 플랫폼 내 자산의 투명한 거래와 보안을 강화하며, 가상 화폐는 경제적 활동을 가능하게 한다. 이처럼 다양한 요소 기술을 효율적으로 통합하고 관리하기 위해서는 기술적 인프라와 설계가 필수적이다. 이를 통해 메타버스는 단순히 가상현실을 구현하는 플랫폼을 넘어, 현실과 밀접하게 연결된 포괄적 디지털 생태계로 발전할 가능성을 가진다.

결론적으로, 메타버스와 인공지능이 결합된 플랫폼의 성공적인 구현을 위해서는 초고속 통신망, 고성능 컴퓨팅 환경, 안정적인 데이터 관리 체계가 필수적이다. 이러한 기술적 기반이 마련될 때 메타버스는 사용자가 상상하는 모든 것을 현실화할 수 있는 혁신적 생태계로 자리 잡을 것이다.

메타버스와 인공지능 기반 정책 연구

메타버스와 인공지능이 기술 · 사회 · 경제 · 정치 · 교육 분야에서 다양하게 적용됨에 따라, 각 분야에서의 정책적 대응과 윤리적 기준을 마련하기 위한 연구가 활발하게 진행되고 있다. 특히 기술의 안전성과 신뢰성을 확보하기 위한 규제와 표준화가 필수적이며, 개인정보 보호, 알고리듬의 투명성, 데이터 소유권, 공정성 확보, 인공지능 오남용 방지와 같은 정책적 대응이 요구된다. 이러한 연구는 기술의 발전을 뒷받 할 뿐만 아니라, 사용자들의 신뢰를 얻는 데도 중요한 역할을 한다.

메타버스는 이용자의 익명성을 기반으로 한 경제활동이 가능하며, 가상화폐를 사용해 부동산, 브랜드 상품, 디지털 자산 등을 구매하거나 콘서트와 같은 활동에 참여할 수 있는 환경을 제공한다. 그러나 이러한 경제활동은 현실 세계와 유사한 경제적 구조를 구현하면서도 범죄 수익 은닉, 가상화폐를 이용한 자금 세탁 · 사기, 익명성을 악용한 사이버 범죄 등 새로운 사회적, 윤리적 문제를 야기할 가능성이 크다. 이를 해결하기 위해서는 투명하고 신뢰할 수 있는 거래 시스템과 강력한 법적 제도,

신속한 문제 대응 체계가 필요하다.

또한, 메타버스 내에서의 자산 소유와 거래는 현실 세계의 법적 체계와는 다른 쟁점을 제기한다. 예를 들어, 아바타가 소유한 가상 아이템의 소유권은 누구에게 있는지, 가상 아이템을 현금화하는 행위가 법적으로 허용되는지, 메타버스 내에서 발생하는 분쟁은 어떤 방식으로 해결해야 하는지에 대한 명확한 법적 체계가 마련되어야 한다(한송이 · 김태종, 2021). 이에 따라 메타버스와 현실 간의 법적 연결성을 강화하고, 국제적 표준을 기반으로 한 규제 체계를 구축하는 것이 중요하다.

이는 인공지능도 마찬가지다. 세계 각국과 주요 국제기구는 인공지능이 안전과 신뢰성 확보를 위한 국제 행동 강령 제정, 행정 명령 발효, 법안 제 · 개정 등 정책적 대응을 강화하고 있다. 우리나라도 2020년 12월에 발표한 "사람이 중심이 되는 「인공지능 윤리 기준」"을 시작으로 윤리 기준이 단순한 선언적 담론에 그치지 않고 실제 사회 전반에 걸쳐 확산되고 내재화될 수 있도록 다양한 정책적 노력을 기울이고 있다(문정욱 외, 2023).

현재 메타버스와 인공지능 생태계는 이미 초기 단계를 넘어 성숙기로 진입하고 있으며, 전 세계적으로 기술과 시장이 빠르게 확대되고 있다. 이러한 상황에서 건강하고 지속 가능한 생태계를 활성화하기 위해서는 기술 발전뿐 아니라 정책적 · 윤리적 · 법적 기반이 동시에 강화되어야 한다. 메타버스와 인공지능은 사용자 참여를 바탕으로 생태계가 형성되기 때문에, 사용자의 신뢰를 얻고 공정성을 유지하기 위한 체계적 연구와 정책 개발이 필수적이다.

특히, 글로벌 경쟁 속에서 우리나라는 기술 혁신뿐만 아니라 인공지능 윤리 기준과 규범의 국제적 조화를 이루는 데에 주도적인 역할을 할 필요가 있다. 이를 통해 메타버스와 인공지능이 사회적 가치와 조화를 이루며 발전할 수 있도록 다양한 방안을 모색하고 이를 실질적으로 적용해야 할 것이다.

메타버스·인공지능을 활용한 교육적 효과와 활용 방안 연구

메타버스와 인공지능 시대의 교육은 실시간 플랫폼, 메타버스, 가상현실, 증강현실, 인공지능 등 다양한 첨단 에듀테크 기술을 기반으로 온라인과 오프라인이 유기적으로 연결되며, 두 환경 간의 경계는 점차 모호해질 것이다. 교육과 첨단 기술의 접목은 매우 중요하지만, 무엇보다도 교육의 본질을 유지하며 시스템을 최적화하고,

교육 이념을 확신하며 발전시키는 노력이 필요하다(李树平 · 刘陶唐, 2020/2022).

이를 위해 교육자와 교육 기관의 인프라 개선, 교육적 지원 체계 강화, 에듀테크 활용 역량 강화가 필수적이다. 특히, 교육의 질적 향상과 교육자의 전문성 개발은 첨단 기술이 주도하는 미래 교육에서 더욱 중요하다. 교육자들이 새로운 기술을 활용하여 수업의 질을 높이고 학습자 중심의 교육을 구현하기 위해서는, 효과적인 교수 · 학습 방법에 대한 연구와 실천이 병행되어야 한다. 첨단 에듀테크 기술이 교육 현장에 도입될 때, 각 기술이 학습자의 학업 성취도 · 몰입도 · 참여도에 미치는 영향을 구체적으로 분석하는 연구가 필수적이다. 이를 통해 학습자 특성에 따른 맞춤형 접근법을 개발하고, 다양한 학습 환경과 기술을 활용한 교수법의 효과를 검증할 수 있다. 이러한 연구 결과는 현장의 교육자들에게 실질적인 가이드라인을 제공하여, 기술을 효과적으로 통합한 수업을 설계하고 실행하는 데에 도움을 줄 것이다.

또한, 첨단 기술이 적용된 교육은 평생 교육과 포용적 학습 환경을 지원할 가능성을 열어 준다. 다양한 연령대와 배경을 가진 학습자들에게 기술을 기반으로 한 학습 접근성을 제공하고 맞춤형 학습 경로를 설계함으로써 학습 기회를 확대할 수 있다. 교육자들은 이러한 기술을 수업에 적용할 때 발생할 수 있는 문제점과 한계를 예측하고, 이를 해결하기 위한 효과적이고 실질적인 교수법을 개발할 필요가 있다. 나아가, 이러한 교수 · 학습 연구는 교육 정책 결정에 중요한 근거로 활용될 수 있다. 연구 결과는 교육 환경을 최적화하고, 모든 학습자에게 동등한 학습 기회를 제공하며, 교육의 질적 성장을 위한 지속적인 발전 방향을 제시하는 데에 기여할 것이다.

메타버스와 인공지능과 같은 첨단 에듀테크 기술을 통합한 교육은 단순히 기술의 도입에 그치는 것이 아니라, 교육자와 학습자 모두에게 긍정적이고 지속 가능한 학습 경험을 제공할 수 있는 혁신적 환경을 구축하는 것을 목표로 해야 하며, 이러한 기술 통합 학습이 실제로 어떤 효과가 있는지를 실증적으로 연구하고, 모든 학습자가 평등한 기회를 누릴 수 있도록 지원해야 한다.

참고문헌

문정욱 외(2023). 『AI 신뢰성 기반 조성: 인공지능 윤리 의식 확산을 위한 정책연구』. 과학기술정보통신부.

이주영(2021.7.16). XR헤드셋 1분기 출하량 급증…"오큘러스, 시장 점유율 75%". ≪연합뉴스≫, https://www.yna.co.kr/view/AKR20210715182600009.

한송이·김태종 (2021). 메타버스 뉴스 빅데이터 분석: 토픽 모델링 분석을 중심으로. ≪디지털콘텐츠학회논문지≫, 22(7), 1091-1099쪽.

AI리포터(2024.5.14). 구글, HP 손 잡고 3D화상 회의 '스타라인 프로젝트' 내년 상용화. ≪디지털투데이≫, https://www.digitaltoday.co.kr/news/articleView.html?idxno=517549

李树平·刘陶唐(2020). 『5G引爆教育革命: 行业趋势+商业模式+案例分析+应对策略』. 권용중(역)(2022). 『메타버스의 시대, 배움의 미래』. 보아스.

Heaney, D.(2024.8.1). Microsoft Is discontinuing Hololens 2, with no replacement. *UPLOAD*, https://www.uploadvr.com/microsoft-discontinuing-hololens-2/

IDC Tracker(2024). Worldwide quarterly augmented and virtual reality headset tracker. https://www.idc.com/getdoc.jsp?containerId=IDC_P35095

Statista(2024). Augmented reality (AR) and virtual reality (VR) headset companies shipment share worldwide from 2023 to 2024, by quarter. https://www.statista.com/statistics/1407105/ar-vr-headset-companies-shipment-share/

Tom Warren(2024.8.2). Microsoft is discounting its HoloLens headsets. *The Verge*, https://www.theverge.com/2024/10/1/24259369/microsoft-hololens-2-discontinuation-support

06

메타버스와 인공지능 시대의 교수자 역량

메타버스와 인공지능 시대에는 교수자의 역량이 그 어느 때보다 중요하다. 본 장에서는 이러한 시대적 요구를 충족하기 위해 교수자가 갖춰야 할 핵심 역량을 LEAD 프레임워크를 통해 상세히 설명하며, 미래 교육을 효과적으로 이끌어 갈 방향성을 제시하고자 한다.

AI와 야구?

미래 교육에서의 교수자 핵심 역량

코로나19 팬데믹은 전통적인 수업 방식의 학습 생태계(learning ecosystem)를 급격히 변화시키며, 전 세계적으로 역량 기반 교육에 대한 관심을 높였다. OECD의 연구에 따르면, 역량(competence)이란 단순한 지식(knowledge)이나 기능(skills)을 넘어, 특정 상황에서 태도와 같은 심리적 자원을 동원하여 복잡한 요구를 충족시키는 능력을 의미한다. 예를 들어, 언어 사용 능력, 정보 통신 기술 활용, 그리고 소통 대상에 대한 심리적 태도를 기반으로 효과적인 의사소통을 수행하는 능력이 바로 역량에 해당한다(Rychen & Salganik, 2003).

이처럼 역량은 맥락 의존성이 높으며, 구체적이고 풍부한 환경에서만 효과적으로 함양될 수 있다. 이는 필연적으로 미래 교육을 이끄는 교수자의 역량이 새로운 요구에 따라 변화해야 함을 시사한다. 기술이 발전할수록 사람에게 필요한 역량 또한 변화할 것이며, 기술 자체보다 인간 중심의 접근이 중요하다는 점은 더욱 강조되고 있다. 따라서 교수자는 단순히 지식을 전달하는 역할을 넘어, 변화하는 학습 생태계에서 중심적 역할을 수행해야 한다.

메타버스와 인공지능과 같은 첨단 기술을 활용한 교육

을 효과적으로 수행하려면 교수자는 학습 환경 설계자(learning environment designer), 감성 지능(emotional intelligence), 적응력(adaptability), 디지털 리터러시(digital literacy)로 구성된 LEAD 프레임워크를 기반으로 한 역량을 갖추는 것이 필수적이다. 이를 통해 교수자는 학습자에게 긍정적이고 지속 가능한 학습 경험을 제공하며, 미래 교육의 선도자로서 역할을 다할 수 있을 것이다.

학습 환경 설계자

학습 환경 설계자는 물리적·디지털 학습 환경을 효과적으로 설계하고 관리하는 역량을 갖춘 교수자를 의미한다. 메타버스와 인공지능 시대에는 단순히 지식 축적에 기반한 개념 중심 학습을 넘어, 창의성, 인성, 비판적 사고력, 문제 해결 능력과 같은 핵심 역량을 함양하는 것이 중요하다. 이에 따라 교수자는 학생들의 학습을 효과적으로 지원할 수 있는 맞춤형 학습 환경을 설계하는 중추적인 역할을 맡아야 한다.

이는 교수자가 단순히 지식 전달을 배제해야 한다는 뜻이 아니다. 오히려 교수자는 수업 준비, 진행, 피드백까지 포함한 학습 과정을 섬세하고 정교하게 설계하며,

"내가 가르치는 이 지식이 학생들의 미래 삶에 실질적으로 필요한가?"라는 질문을 끊임없이 숙고해야 한다. 또한, 학습자가 습득한 지식과 정보를 어떻게 통합하고, 이를 실제 역량으로 활용할 수 있을지 고민하는 것도 필수적이다.

더 나아가 교수자는 학습자가 자기 주도적으로 시공간의 제약 없이 학습할 수 있도록 지원하고, 이러한 과정을 통해 학습자들에게 미래를 안내하는 역할을 수행해야 한다. 그와 동시에 교수자는 자신의 전문성과 역량을 지속적으로 강화하여 학습 환경 설계자로서의 역할을 충실히 이행하며, 학습자 성장을 돕는 훌륭한 안내자가 되어야 한다.

감성 지능

메타버스와 인공지능 시대의 교수자는 학생 개개인의 정서적 측면까지 포함하여 더 폭넓은 의미의 개별화 교육 실천을 해야 하며, 정서적 안정과 정신적 회복 탄력성 증진을 돕는 조력자의 역할을 수행해야 할 것이다. 이러한 교수자의 역할은 단순히 학문적 지식 전달에 그치지 않고, 학생들의 전인적 성장을 지원해야 한다는 다차원적인 접근을 요구한다. 특히 기술이 발전하면서, 학습자의 지식 습득은 다양한 에듀테크를 활용하여 맞춤형으로 지원될 수 있을 것이다. 이러한 과정에서, 교수자는 학습자들과 의사소통하면서 격려, 배려, 수업 분위기 조성 지원 등의 역할을 하는 것이 바람직할 것이며, 학습자가 실패나 어려움에 직면했을 때 포기하지 않고 다시 도전할 수 있도록 지도하는 감정적 교류 역할이 교수자의 중요한 임무다. 기술이 발전함에 따라 교수자는 학생 지도에 더욱 시간과 노력을 쏟고 집중할 수 있게 되었다. 학습자들이 올바른 방향으로 발전될 수 있도록 학생들의 심리적인 격려와 감정적으로 응원을 할 수 있는 교수자가 되어야 할 것이다.

적응력

기술은 지속적으로 발전할 것이며, 새로운 메타버스와 인공지능 모델은 계속 출시될 것이다. 그렇기에 학습자가 이를 적절하고 제대로 활용할 수 있도록 하는 학습 방법이 요구되며, 여기서 첨단 분야에 대한 교수자의 적응력은 매우 중요한 역량이다. 지식의 정보와 양이 폭발적으로 증가하고 있고, 발전하고 있는 기술의 속도도 매우 빠르며, 이러한 신기술들(예: 증강현실, 가상현실, 인공지능, 웨어러블 기기 등)은 조만간 교실 수업 환경과 실시간 수업에 반영될 것이다. 그렇기에 교수자는 새로운 변화에 대해 주체적으로 대응하고, 변화에 대한 의지가 있어야 하며, 날로 발전하는 기술의 활용에도 민감해야 하며, 이러한 변화에 대해 끊임없이 주도적으로 학습하는 역량이 필요하다. 하지만 여기서 조심해야 할 점은, 너무 기술에만 의존하면 안 된다는 것이다. 인공지능과 같은 에듀테크의 가장 중요한 목표는 교사의 대체가 아닌 보조 역할이 되도록 설계해야 한다는 것이다. 즉, 교육자는 기술에 대한 두려움을 없애는 동시에 다양한 교수 학습 방법의 전문성을 신장해야 할 것이다. 이미 시대는 변화했고, 이러한 변화를 긍정적으로 즐길 수 있는 교육자만이 살아남을 것이며, 기술을 활용하는 사람과 활용하지 않는 사람 간의 갭은 점점 더 커질 것이다(한송이, 2024). 따라서, 교육자는 기술에 대한 두려움을 극복하고, 끊임없이 학습하며 전문성을 향상시켜야 한다. 교수 주도성은 변화하는 시대에서 더욱 중요해지고 있으며, 이는 교육자가 기술을 단순히 활용하는 것을 넘어, 능동적으로 통합하고 혁신적인 교수법을 개발하는 능력을 요구한다. 기술을 보조 도구로 활용하여 교육의 질을 높이는 동시에, 인간적이고 창의적인 교수법을 유지하는 것이 중요하다. 변화하는 시대에 발맞추어 미래 교육의 선도자가 될 수 있는 역량을 갖추는 것은 교육자에게 필수적이다. 이러한 교수 적응력은 학생들의 학습 경험을 풍부하게 하고, 새로운 교육 패러다임에서 성공을 이끄는 핵심 요소가 될 것이다.

디지털 리터러시

전통적으로 리터러시는 '글을 읽고 쓰는 능력'으로 정의되며 텍스트와 인쇄 매체에 기반을 두고 발전해 왔다. 그러나 디지털 기술의 급속한 발전과 시대적 변화에 따라, 리터러시는 단순한 문해력을 넘어 영상 미디어(visual multimedia)를 분석하고 평가하며 활용하는 능력으로 확장되었다. 이는 기본적인 컴퓨터 사용 능력, 온라인 자료 검색 · 평가, 소셜 미디어 활용, 데이터 분석 등을 포함하며, 디지털 환경에서 요구되는 종합적 역량을 의미한다.

특히 메타버스와 인공지능에 대한 사회적 관심이 빠르게 증가하면서, 데이터를 분석하고 디지털 미디어를 평가하며 기술의 한계와 사회적 영향을 인식하는 디지털 리터러시는 교수자에게 필수적인 역량으로 부각되고 있다. 디지털 리터러시는 단순히 디지털 도구를 다루는 기술적 능력을 넘어, 인공지능 기술을 이해하고 윤리적으로 활용하며, 이를 통해 학습자 중심의 교육을 설계하는 기반 역량을 제공한다. 이는 인공지능과 같은 첨단 에듀테크 기술을 교육적으로 활용하여 학습 환경을 혁신하고, 학습자에게 최적의 학습 경험을 제공하는 데에 핵심적이다.

교수자는 인공지능 전공자가 될 필요는 없지만, 인공지능의 기본 개념과 용어를 이해함으로써 복잡한 모델과 기술을 효과적으로 탐색하고 활용할 수 있어야 한다. 디지털 리터러시는 교수자가 변화하는 교육 패러다임 속에서 중심적 역할을 수행하며, 학습자들이 디지털 환경에서 정보를 비판적으로 평가하고 문제를 해결할 수 있도록 지도하는 데에 필요한 필수 역량이다. 특히, 메타버스와 인공지능 기반의 학습 도구를 통합적으로 설계하고 운영할 때 디지털 리터러시의 수준은 교수자의 교육적 성과와 직결된다. 디지털 리터러시의 함양은 교수자가 기술 중심의 학습 환경에서 학습자와 효과적으로 소통하고, 미래 지향적인 학습 환경을 설계하며, 학습자의 역량 강화를 지원하는 데에 필수적인 역할을 한다. 이는 단순한 기술 활용을 넘어, 미래 교육의 핵심적인 기반이 되는 역량으로 자리 잡을 것이다.

참고문헌

한송이(2024). 『생성형 AI를 활용한 미래교육』(제2판). 교육과학사.

Rychen, D. S., & Salganik, L. H.(Eds.)(2003). *Key competencies for a successful life and a well-functioning society*. Hogrefe & Huber.

07
메타버스와 인공지능 시대의 학습자 역량

메타버스와 인공지능 시대에는 학습자의 역량 또한 매우 중요하다. 본 장에서는 이러한 시대적 변화에 대응하고, 메타버스와 인공지능을 효과적으로 활용하는 학습자가 갖춰야 할 핵심 역량을 MIND 프레임워크를 통해 상세히 설명하며, 미래 학습 환경에서 학습자가 성공적으로 적응하고 성장할 수 있는 방향을 제시하고자 한다.

AI와 윤동주?

미래 교육에서의 학습자 핵심 역량

우리 교육 과정은 학습자의 역량 개발을 중요시하고 있다. 하지만 안타깝게도, 현재의 교육 과정에서는 구체적으로 어떤 역량이 미래 학습자에게 필요한지 혹은 이러한 역량을 어떻게 발전시킬 수 있는지에 대한 논의는 찾아보기 어렵다. 미래의 주인공인 학생들이 온갖 지식으로 무장한 인공지능 기계를 능가하려면, 인공지능이 하지 못하는 영역의 역량을 키워야 함은 당연한 변화다. '21세기 교육을 위한 파트너십(Partnership for 21st Century Learning)'에서는 미래 교육에서 추구해야 하는 역량을 '비판적 사고력, 문제 해결력, 창의성, 의사소통, 협력, 혁신'으로 표기했고, 이러한 역량을 키울 수 있도록 교육 과정 · 교육 방법 등을 바꾸는 것이 필요하다고 강조한다.

메타버스와 인공지능 시대를 맞이하며 디지털 기술의 급격한 발전과 정보의 폭발적 증가, 복잡한 문제의 대두는 전통적인 교육 방식의 한계를 드러내고 있다. 단순히 지식을 전달하고 암기하는 방식은 특정 학습 목표에는 유효할 수 있으나, 이러한 시대적 변화 속에서는 더는 효과적인 교육 접근법으로 간주되기 어렵다. 메타버스와 인공지능이 통합된 환경에서는 학습자들이 지식을 수동적으로 습득하는 것을 넘어, 이를 분석하고 응용하며 실제 상황에 적용하는 능력이 요구된다. 현대 사회에서 학습자에게는 단순히 정보를 습득하는 것 이상의 역량이 필요하다. 정보의 홍수 속에서 중요한 정보를 선별하고 이를 비판적으로 평가하며, 창의적으로 문제를 해결하는 능력이 핵심적이다. 이러한 역량은 학습자 스스로 사고하고 문제를 해결하며 학습 과정을 주도하는 능력으로 이어진다. 이를 실현하기 위해서는 교육 방식의 근본적인 전환이 필요하며, 단순 지식 전달에서 벗어나 학습자가 능동적으로 학습에 참여하고 사고력을 확장할 수 있는 환경을 제공해야 한다.

본 장에서는 메타버스와 인공지능 시대를 살아가는 학습자에게 필요한 역량을 메타 인지(metacognition), 융합(integration) · 주도성(initiative), 연결성(networking), 데이터 분석(data analysis)으로 구성된 MIND 프레임워크를 통해 체계적으로 설명한다. MIND 프레임워크는 학습자가 자기 주도적으로 사고하며 복잡한 문제를 해결하는 능력을 강화하고, 지식과 기술을 효과적으로 통합하여 디지털 시대의 다양한 도전에 대응할 수 있도록 돕는 학습 역량의 핵심 요소를 제시한다.

메타 인지

디지털 시대에는 지식과 정보의 양이 방대하고 변화의 속도가 빨라, 이를 따라잡기 어려운 상황에 처해 있다. 이에 대응하기 위해 많은 전문가들은 효과적인 질문을 할 수 있는 역량이 필요하다고 강조한다. 좋은 질문을 하는 능력은 자신의 지식 범위와 한계를 명확히 인식하는 데서 시작되는데, 바로 이 과정이 메타 인지의 핵심 개념이다.

메타 인지 개념은 "자신이 알고 있는 것이 무엇인지, 모르는 것이 무엇인지를 안다(I know what I know. I know what I don't know)"는 의미의 '메타 인지 지식(metacognitive knowledge)'과 문제 해결을 위해 "자신이 해야 할 일이 무엇인지를 안다(I know how I have to do)"는 의미인 '메타 인지 조절(metacognitive regulation)'로 크게 두 영역으로 나누어진다(Büchel, 1990). 두 영역 모두 메타버스와 인공지능이 주도하는 현대 사회에서는 매우 중요한 역량이다. 특히 방대한 정보가 넘쳐나고 그중에는 신뢰할 수 없는 잘못된 정보도 많기 때문에, 지식과 경험한 것을 기반으로 통찰력을 갖고 인공지능이 생성하는 지식을 바탕으로 선별하고 재편집하여 활용하는 역량이 필요하다. 즉, 검색만으로 나오는 결과가 자신의 진짜 지식이라고 착각하는 오류를 범해서는 안 되며, 자신의 진짜 지식과 가짜 지식을 정확하게 판단할 수 있는 메타 인지는 매우 중요한 역량이다(한송이, 2024). 인공지능이 아무리 똑똑해져도 인간이 지적 능력과는 근본적으로 다른 점이 있는데, 바로 기계는 메타 인지 능력이 없다는 것이다. 메타 인지는 인간만이 가지고 있는 인지 능력이기 때문에 인공지능 기술의 발달에 우리가 불안감과 두려움을 느끼지 않아도 되는 이유다. 빠르게 변화하는 정보화 사회에서 새로운 지식을 습득하고, 이를 활용할 수 있는 역량은 필수적이며, 이를 제대로 수행하기 위해서는 자신이 무엇을 알고 있는지, 그리고 무엇을 모르는지에 대한 메타 인지가 반드시 필요하다.

융합·주도성

오늘날 우리는 4차 산업 혁명으로 인해 초지능 · 초연결 사회로, 빠르게 변화하는 환경에 적응하고 이를 통합적으로 활용하는 역량이 요구되며, 특히 다양한 학문과 전공을 융합할 수 있는 융합 역량이 그중에서도 필수적이다. 실제로 많은 대학에서는 4차 산업혁명 시대에 부응하는 커리큘럼을 재구성하거나 새로운 융합 학과를 개설하는 등의 노력을 기울이고 있다. 이러한 변화는 학습자들에게 더 폭넓은 학습 선택권을 제공하고, 다양한 경험을 쌓을 기회를 확대하기 위함이다. 미래의 학습자들은 하나의 전공에 국한되지 않고 다양한 전공을 갖게 될 것이며, 현재 존재하지 않는 직업을 선택하게 될 확률도 높다. 실제로 세계경제포럼(World Economic Forum)이 발표한 『일자리의 미래(The Future of Jobs)』 보고서에 따르면, 현재 7세인 어린이의 65%는 지금 존재하지 않는 직업을 가질 것으로 예측되었다. 따라서 학습자는 습득한 지식을 바탕으로 새로운 시각에서 또 다른 지식을 발견하고, 종합적인 관점에서 각 요소 간의 최적화를 동시에 살필 수 있는 융합적 사고를 할 수 있도록 해야 한다. 또한, 다양한 분야의 지식과 기술을 넘나들며 이를 적용하고 응용할 수 있는 통합적 사고를 갖춘 인재가 되어야 할 것이다. 또한 외부의 다른 사람에 의해 결정된 것을 그대로 받아들이는 것이 아니라, 스스로 책임 있는 결정을 하고 주체적으로 행동할 수 있는 주도성(initiative) 역량도 매우 중요하다. 주도성을 기르기 위해서는 교수자가 수업의 주도권을 가지고 지식을 획일적으로 전달하거나, 주어진 지식을 외우는 것과 같은 고정 관념에서 벗어나야 한다. 학습자 본인을 수업의 주체로 설정하고,

토론, 탐구, 프로젝트 등을 통해 스스로 문제를 능동적으로 해결하는 과정에서 주도성을 길러야 할 것이다.

연결성

메타버스와 인공지능 시대의 교육 시스템은 기존 교육 체계의 방식에서 벗어나 학습자들이 주도적으로 학습할 수 있고, 개별화된 맞춤형 학습 형태로 변화되고 있다. 또한, 우리는 점점 모든 것이 기계화된 세상에서 살게 되며, 우리가 해결해야 하는 문제는 더욱 어려워지고 복잡해지고 있다. 이러한 과정에서 혼자 스스로 문제를 해결하기보다는, 다른 사람과의 협업과 연결성을 기반으로 문제를 해결하는 집단 지성이 중요한 역할을 할 수 있다.

집단 지성의 중요성은 인공지능과 메타버스 기술을 통한 협업 역량 강화에서 두드러진다. 다양한 배경과 전문성을 가진 사람들과 효과적으로 소통하고 협력하는 능력은 현대 교육에서 필수적인 요소로 자리 잡고 있다. 협업 역량은 학습자가 문제를 해결하기 위해 다양한 관점을 통합하고, 팀 내에서 각자의 역할을 인식하며 상호 의존적인 관계를 형성할 수 있도록 한다. 이는 복잡한 문제를 해결할 때 창의적이고 혁신적인 접근법과 집단 지성을 가능하게 하며, 이러한 역량은 매우 중요하다.

데이터 분석

메타버스와 인공지능 기술을 이해하고 활용하는 능력뿐만 아니라, 이로부터 생성되는 데이터를 분석하고 해석하여 의미 있는 결정을 내리는 역량이 점차 중요한 시대가 도래하고 있다. 데이터 분석은 인공지능 기술과 밀접하게 연관되어 있으며, 인공지능은 방대한 데이터를 처리하고 패턴을 도출하여 실질적인 통찰을 제공하는 데에 핵심적인 역할을 한다. 데이터와 인공지능의 상호 작용은 현대 기술 환경에서 필수적이며, 이 두 기술의 협업은 더욱 심화되고 있다.

빅데이터 기반 사회에서는 단순히 데이터를 수집하고 저장하는 것에 그치지 않고, 데이터를 분석하여 통찰력을 얻고 이를 바탕으로 혁신적이고 전략적인 응용이 가능해야 한다. 이러한 과정은 단순한 기술적 역량을 넘어, 데이터 해석과 이를 활용한 문제 해결 능력을 갖춘 고차원적 데이터 분석 역량을 요구한다.

미래를 살아갈 학습자에게 데이터 분석은 필수적인 역량으로 자리 잡고 있다. 현대의 복잡한 문제를 해결하고, 기술 중심의 사회에서 경쟁력을 유지하기 위해서는 방대한 데이터 속에서 의미 있는 정보를 도출하고 이를 의사 결정과 문제 해결에 활용하는 능력이 요구된다. 학습자들은 데이터를 기반으로 한 비판적 사고와 전략적 통찰력을 통해 변화하는 환경에 능동적으로 적응하며, 혁신적인 해결책을 제시할 수 있어야 한다. 특히, 메타버스와 인공지능 환경에서는 데이터 분석 능력이 개인의 창의성과 융합되어 새로운 가치를 창출하는 데에 핵심적 역할을 한다.

즉, 데이터를 분석하고 이를 활용하여 혁신적이고 전략적인 결정을 내리는 역량은 메타버스와 인공지능 시대를 살아가는 학습자들이 필수적으로 갖춰야 할 요소다. 이는 학습자들이 개인적 성장뿐만 아니라 사회적 변화를 주도하는 데에 필요한 경쟁력을 제공할 것이다.

참고문헌

한송이(2024). 『생성형 AI를 활용한 미래교육』. 교육과학사.

Büchel, P.(1990). Analyse cognitive et métacognitive de l'éducation de la capacité d'apprentissage. In *Pédagogies de la médiation*(pp.73–85). Lyon: Chroniques sociales.

Partnership for 21st Century Learning (2019). Framework for 21st century learning. http://static.battelleforkids.org/documents/p21/P21_Framework_Brief.pdf

08
메타버스와 인공지능 교육의 가능성

메타버스와 인공지능 기술이 교육 분야에 본격적으로 도입되면서, 교육의 질과 학습 효과를 향상 시키는 혁신적 가능성이 열리고 있다. 교육에서 메타버스와 인공지능 활용 교육은 디지털 대전환 시대 교육 현장을 변화시킬 중요한 전환점이다. 본 장에서는 이러한 기술이 교육에 미치는 긍정적인 효과와 가능성에 대해서 알아보고자 한다.

AI와 한의학?

맞춤형 학습 경험 제공

과거의 교육 체계에서는 실천보다는 이론을 중시하고 사고 능력 배양보다는 지식 전수를 우선시하는 경향이 있었다(李树平 · 刘陶唐, 2020/2022). 하지만 메타버스와 인공지능 기술이 뛰어난 현대 사회는 이러한 교육이 맞지 않다. 이제는 이러한 기술이 교육 현장에 결합하여 더욱더 광범위하게 활용될 것이며, 맞춤형 교육이 실현될 것이다. 인공지능을 활용한 맞춤형 학습은 학습자의 개별적인 학습 수준과 상태를 사전에 파악하고, 이를 고려하여 맞춤형 콘텐츠를 제공한다는 것을 의미한다. 인공지능 기반 학습자 맞춤형 지원이 효과적으로 이루어진다는 것은 인공지능 관련 인프라가 교내에 안전하게 정착되어 있고, 인공지능을 통해 학습에 대한 모든 데이터를 확보하는 기반을 갖추고 있음을 시사한다. 최근 세계에서 가장 혁신적인 대학을 평가하는 WURI(World University Ranking for Innovation)에서는 온라인 대학인 미네르바 대학(Minerva University)과 애리조나 주립대학(Arizona State University)이 2년 연속 1 · 2위를 차지했다. 게다가, 애리조나 주립대학은 ≪U.S. 뉴스 & 월드 리포트(U.S. News & World Report)≫에 따르면 미국에 가장 혁신적인 학교로 2016년도부터 부동의 1위를 차지하고 있으며, 애리조나 주립대학을 벤치마킹하고자 하는 시도가 세계적으로 이슈가 되고 있다. 애리조나 주립대가 추구하는 교육의 방향은 "모두를 포함하는 교육"이다. 온라인 대학인 미네르바 스쿨은 대학 건물이 따로 없다. 오프라인 캠퍼스가 따로 없기 때문에 외부의 투자금이나 기부금의 대부분은 소프트웨어적인 부분에 투자되고 있다. 애리조나 주립대학과 미네르바 스쿨의 공통점은 인공지능 기술을 통해 학습자의 학습 성향, 학습 속도, 이해도 등을 분석하여 개인 맞춤형 학습 경험을 제공한다는 것이다. 이러한 인공지능 기술로 학습자가 어떤 내용에서 어떠한 어려움을 겪고 있는지 분석하고, 그에 알맞은 학습 자료나 과제를 추천해 주어 학습자가 개별 맞춤형 학습을 할 수 있다. 이 밖에 인공지능 시스템에 안면 인식 기술을 도입하며 수업 시간의 학습자 표정을 정밀하게 분석하여 학습자의 감정 상태도 분석할 수 있게 된다. 이러한 변화는 우리가 교육 현장에서 늘 꿈꿔오던 '진정한 의미의 개인화 학습'이 아닐까 싶다.

언제 어디서나 가능한 평생 교육

메타버스와 인공지능 활용 교육은 평생 교육에서의 활용 가능성도 매우 크다. 이 두 기술의 융합은 학습자가 시간과 공간의 제약을 넘어 어디서든 배우고 성장할 수 있는 환경을 제공하고, 학습자들의 경험의 폭을 넓혀 준다는 장점이 있다. 이는 재학생은 물론이고, 전 연령대 학습자들에게 학습 기회를 제공할 수 있다. 특히 성인 학습자나 직장인들은 기존의 교육 일정에 맞추기 어려운 경우가 많은데, 메타버스와 인공지능 기반의 평생 교육은 이들에게 맞춤형 학습 경로를 제시함으로써 학습의 유연성과 접근성을 높일 수 있다. 특히 최근에는 모바일 기반에 맞춰 메타버스가 끊김 없이 구동될 수 있는 기술들이 발달하고, 메타버스 내의 가상 직무 체험이나 지식과 기술을 습득하는 부분도 가능해졌기 때문에, 성인 학습자가 현재의 일과 병행하면서도 자신의 커리어에 필요한 지식과 기술을 습득할 수 있게 되었다. 즉, 메타버스와 인공지능이 만들어 낸 교육 방식은 학습의 접근성과 개인화를 통해 모든 학습자가 평생에 걸쳐 지속적으로 성장하고 발전할 수 있는 평생 교육 환경을 제공했다는 점에서 의의가 있으며, 교육 격차를 줄일 수 있다는 장점이 있다.

몰입감, 실재감을 통한 다양한 경험

메타버스는 가상 공간에서 학습자들이 실제와 유사한

경험을 하며 실습할 수 있는 몰입형 학습 환경을 제공하며, 이를 통해 학습자는 실제와 비슷한 다양한 경험을 할 수 있다는 장점이 있다. 교육 맥락에서 현장의 실제성을 더욱더 효과적으로 반영하기 위해서는 다양한 교수 · 학습 방법이 활용될 수 있지만, 그중 메타버스는 2차원으로 표현하는 것에서 벗어나 3차원으로 사실성을 높여 주고, 추상적인 개념을 구체적으로 습득할 수 있도록 한다. 또한 기술과 기술적 출력 장치를 활용하여 현실에서 접근하기 어려운 활동과 고위험 · 고비용이 드는 활동도 메타버스 상황에서 가능하게 하며, 이러한 과정에서 학습자는 수동적인 학습 태도가 아니라 역동적이며 능동적인 학습을 가능하게 한다. 특히 메타버스를 더욱 몰입감 있고, 실재감이 있게 제작 · 개발하기 위해서는 인공지능 기술이 매우 중요한 역할을 담당하게 될 것이다. 예를 들어 인공지능 기술을 통해 어떤 학습 콘텐츠와 활동에 더 흥미를 느끼고 효과적으로 참여하는지, 어떤 학습 부분에서 어려움을 느끼는지 등 성취도를 빠르게 예측하고, 메타버스 플랫폼상에서 실시간으로 피드백을 줄 수 있을 것이다.

데이터 분석

메타버스와 인공지능 활용 교육을 극대화하는 중요한 요소는 데이터 분석이 가능하다는 것이다. 이러한 학습 과정은 방대한 양의 학습 데이터를 지속적으로 생성하고 축적하며, 교육적 가치를 더욱 증대시킬 수 있다. 메타버스 환경에서 학습자가 생성하는 모든 행동 데이터는 학습 성향, 집중도, 상호 작용 패턴 등 다양한 정보를 담고 있으며, 인공지능이 이를 분석하여 학습자 개개인에게 최적화된 콘텐츠와 학습 경로를 제공할 수 있다. 이미 공공 분야에서 인공지능과 데이터를 활용한 서비스의 형태는 다양하며(예: 한국교육방송공사의 인공지능 단추, 웅진씽크빅의 웅진, 산타토익의 산타토익 등), 최근에는 가상현실, 증강현실 등과 같은 메타버스 기술을 활용한 콘텐츠에 인공지능을 붙이는 기술 영역까지 점차 확대되고 있는 추세다. 앞으로 메타버스와 인공지능 활용 교육과 관련된 데이터 기반 분석 기술이 더욱 고도화된다면, 더욱 정교한 학습 경로 설계와 예측 분석을 통한 학습 성과 관리가 가능해질 것으로 예측된다.

참고문헌

李树平·刘陶唐(2020). 『5G引爆教育革命:

行业趋势+商业模式+案例分析+应对策略』. 권용중(역)(2022). 『메타버스의 시대, 배움의 미래』. 보아스.
Minerva University(2022). Minerva University, named the most innovative university in the world. https://minervaschools-production-cms-uploads.s3.amazonaws.com/documents/Minerva_University_named_Most_Innovative_in_the_World.pdf
Minerva University(2024.6.10). Minerva University earns title of most innovative university in the world for third straight year. *PR Newswire*, https://www.prnewswire.com/news-releases/minerva-university-earns-title-of-most-innovative-university-in-the-world-for-third-straight-year-302168445.html
WURI. https://www.wuri.world/wuri-ranking-2024

09
메타버스와 인공지능 교육의 주의점

메타버스와 인공지능 교육이 학습자 맞춤형 수업을 한층 높이는 데에 기여하고 있지만, 그와 동시에 여러 가지 고려해야 할 중요한 주의점도 수반되는 점을 고려해야 한다. 특히 교수 · 학습 상황에서 반드시 주의점들을 종합적으로 분석하고, 기술이 가지고 있는 한계점과 위험성을 인지하고 학습에 도움이 되도록 설계해야 할 것이다. 이와 관련하여 메타버스와 인공지능 활용 교육이 주의해야 할 점을 4가지로 제시한다.

AI와 화장품?

개인 정보 보호와 데이터 보안 문제

메타버스와 인공지능은 학습자의 다양한 데이터를 수집하고 분석하여 개인화된 학습을 지원한다. 그러나 이러한 데이터 수집 과정에서 개인 정보 유출과 민감 정보에 대한 보안 위협(privacy protection and data security concerns)의 가능성이 존재하고, 서버에 해당 개인 정보가 저장되어 있는 동안 제3자에게 제공될 수 있다. 이러한 이슈는 인공지능의 역기능 중에 하나지만, 프라이버시 보호를 위해 비식별 처리를 하면 인공지능의 학습 데이터의 유용성은 매우 감소될 것이다. 따라서 데이터 수집과 저장, 활용에서 엄격한 보안 시스템과 윤리적 규칙을 준수해야 하며, 학습자에게 데이터 수집의 목적과 활용 범위에 대해 명확히 고지하는 것이 중요하다. 하지만 현재 시점에서 교수·학습 환경에서 학습자에게 주의를 줄 수 있는 부분은 개인 정보 제공에 따른 위험성과 데이터의 사용 범위를 이해시키고, 사용 과정에서 발생할 수 있는 정보 유출과 프라이버시 침해 가능성을 인지하도록 교육하는 것이 필요한 시점이다.

현실 감각 상실 가능성과 기술의 중독성

메타버스와 인공지능 활용 교육은 강력한 학습 도구가

될 수 있지만, 학습자가 기술에 과도하게 의존(technology dependence, and risk of addiction)할 경우 학습자의 자기 주도적 학습 능력과 비판적 사고가 약화될 위험이 있다. 메타버스는 학습자에게 몰입감 높은 가상 환경을 제공함으로써 효과적인 학습을 가능하게 하지만, 가상으로 만들어진 메타버스 환경에 과도하게 노출될 경우 현실과 가상의 경계가 흐려지며 현실 감각이 저하될 위험(potential loss of sense of reality)이 있다. 특히, 학습자가 메타버스 환경 속에서만 상호 작용을 경험할 경우, 현실 세계에서의 사회적 기술과 대인 관계 능력 발달에 부정적 영향을 미칠 수 있다(한송이 · 노양진, 2021). 또한, 인공지능 기반의 개인화된 학습 경험과 지속적인 추천 시스템은 학습자의 기술 의존성을 높일 가능성이 있으며, 인공지능이 학습 경로와 학습 자료를 자동으로 제안함으로써 학습자가 스스로 학습 과정을 계획하고 조절하는 자기 주도 학습 능력이 약화될 위험이 있다. 게다가 메타버스 환경 내에서 아바타를 통한 상호 작용은 무의식적으로 비판적 사고 없이 상대방을 비난하거나 무례하게 행동하는 등 사이버 괴롭힘, 언어적 폭력이 더 쉽게 일어날 수 있기에 주의해야 한다. 이를 방지하기 위해 교육 기관과 개발자들은 윤리적이고 안전한 상호 작용을 위한 가이드라인을 설정하고, 사용 시간 제한, 디지털 에티켓 등에 대해 교육하거나, 유해한 언어와 모니터링을 위한 경고 시스템도 적극적으로 마련하고 있다.

교육 형평성 문제

메타버스와 인공지능 기술이 교육에 적극적으로 도입되면서 교육 형평성에 부정적 영향을 미칠 수 있다는 우려(issues of educational equity)가 있다. 이러한 기술들은 학습 경험을 개인화하고, 물리적 제약을 넘어선 몰입형 학습 환경을 제공하는 데에 큰 장점을 가지고 있지만, 이 과정에서 간과해선 안 될 키워드가 디지털 격차다. 인공지능과 메타버스를 활용한 학습 도구와 접근성이 각 학습자에게 균등하게 제공되지 않을 경우, 디지털 격차가 교육 격차로 이어질 위험이 있으며 기술 접근성과 활용 능력에 따라 양극화될 수밖에 없다. 메타버스와 인공지능을 활용한 교육 시스템은 고도화된 기술 장비와 인터넷 환경이 기본적으로 필요한데, 기술적 인프라를 확보할 수 없는 경제적 여건에 있는 학습자들은 접근성이 제한되며, 이는 교육 기회의 불평등을 초래할 수 있다. 또 고성능의 디지털 기기와 고속 인터넷 환경이 필수적인 메타버스 학습은 경제적 여유가 있는 학습자에게는 큰 학습 자산이 되지만, 저소득 가정의 학생들에게는 배움의 장벽이 될 가능성이 있어, 오히려 이러한 기술의 발달이 교육 형평성과 격차가 이루어질 수밖에 없다. 또한 메타버스 환경에서의 몰입형 학습 경험과 인공지능의 실시간 피드백 시스템이 특정 학교나 기관의 예산과 기술력에 따라 크게 좌우될 경우, 교육 자원의 분배 불균형이 발생할 수 있다. 경제적 여건이 좋은 교육 기관에서는 최첨단 기술을 활용한 메타버스 학습과 인공지능 지원 학습을 제공할 수 있는 반면, 그렇지 않은 기관에서는 전통적인 학습 방식에 의존할 수밖에 없기 때문에 학교 간, 지역 간 교육 격차가 심화될 위험이 존재한다. 따라서 메타버스와 인공지능 기술이 교육의 형평성을 유지하는 데에 긍정적 기여를 하기 위해서는, 디지털 접근성 향상 정책과 교육 기술의 포용성 확보가 필수적이다. 정부와 교육 기관은 디지털 기기와 인터넷 접근성을 보장하는 인프라를 강화하고, 인공지능 알고리듬 개발 시 다양한 문화적 배경과 사회적 요소를 반영하여 편향성을 최소화해야 한다. 이러한 노력이 이루어질 때 비로소 메타버스와 인공지능은 모든 학습자에게 동등한 기회를 제공하며 진정한 교육 형평성에 기여할 수 있을 것이다.

윤리적인 문제

메타버스와 인공지능을 활용한 교육에서는 윤리와 공정성이 핵심적인 고려 사항이다. 인공지능은 학습자에게 맞춤형 콘텐츠와 피드백을 제공하지만, 인공지능 알고리듬의 편향성은 학습자의 다양한 배경이나 특성을 공정하게 반영하지 못할 위험이 있고, 특정 인종·성별·사회적 배경에 대한 잘못된 학습으로 학습자는 불공정한 학습 경험을 겪을 수 있다. 실제 사례로, 아마존은 인공지능 기반 채용 시스템이 남성 지원자를 선호하는 방식으로 학습되어 성별 불평등을 초래하자 이 시스템을 폐기했으며, 메타에서는 자동 추천 시스템이 흑인을 영장류 동물로 오인한 사례가 발생하기도 했다. 이와 같은 윤리적인 문제(ethical considerations)를 방지하기 위해 학계에서는 공정성(fairness), 책임성(accountability), 투명성(transparency)의 원칙을 강조하고 있다. 인공지능 알고리듬 설계와 운영에서 투명성을 확보하고, 기술이 윤리적 기준을 충족하도록 하는 체계적 원칙을 마련하는 것은 인공지능 활용 교육에서 필수적인 요소이며, 이는 신뢰할 수 있는 교육 환경을 구축하고, 모든 학습자가 동등한 학습 기회를 누릴 수 있도록 보장하는 데에 중요한 역할을 한다. 이는 교육 종사자뿐만 아니라 기술 개발자와 사용자에게 모두 필요한 부분이다.

참고문헌

한송이·노양진(2021). 메타버스 활용 교육에 대한 대학 교수자 인식 연구. ≪한국디지털콘텐츠학회 논문지≫, 22(11), 1793-1806쪽.

BBC(2018.10.10). Amazon scrapped 'sexist AI' tool. https://www.bbc.com/news/technology-45809919

Grant, N., & Hill, K.(2023.5.22). Google's photo app still can't find gorillas, and neither can't Apple's. *The New York Times*, https://www.nytimes.com/2023/05/22/technology/ai-photo-labels-google-apple.html

10
지속 가능한 미래 교육을 위한 제언

기술은 인류 역사의 흐름을 변화시켜 온 핵심 동력이자, 교육 혁신의 중심에 자리하고 있다. 본 장에서는 메타버스와 인공지능이 교육의 개인화와 혁신을 어떻게 촉진하는지 분석하고, 기술과 교수 · 학습의 융합을 통해 미래 교육의 방향성을 탐색한다. 또한, 변화하는 교육 환경 속에서 실현 가능한 전략적 패러다임을 제시함으로써, 교육의 새로운 가능성을 모색하고자 한다.

종교와 AI?

교육 방법의 다양성과 전문성 강화 측면

메타버스와 인공지능 시대에는 다양한 교육 방법이 존재함을 인지하고, 이러한 방법에 적합한 교수 · 학습 전문성 역량과 교육 과정 · 교육 방법 설계와 관련된 전문성을 신장해야 한다.

안타깝게도 지난 100여 년 동안 학교와 학교 교육 제도는 크게 변화가 없었고, 사실 변화라는 것은 그리 쉬운 일은 아니다. 하지만 분명한 것은 메타버스와 인공지능 시대에는 우리가 유지해 온 전통적인 교육 패러다임과 방식이 더는 미래 사회에 적합하지 않다는 점이다. 이제 교육은 단순한 지식 전달이 아니라 학생들의 창의력, 문제 해결 능력, 그리고 협력적 소통 역량을 기르는 방향으로 변화해야 하고, 이를 위해서는 교육 제도가 유연하고 개방적인 형태로 발전해야 하며, 메타버스와 인공지능 기술이 제공하는 다양한 도구와 자원을 적극적으로 도입해 학습자 중심의 환경을 조성해야 할 것이다. 다양한 교육 방법 중, 지식과 경험의 전달 · 습득에 효율성과 효과성을 높일 수 있는 혁신 교과목(예: 플립 러닝, 프로젝트 기반 학습, 협동 학습, 게임 기반 학습, 경험 학습, 몰입형 실감 학습 등)과 관련된 교수 · 학습 방법의 전문성을 신장해야 한다. 또한 이러한 혁신 교과목 운영 시 유의 사항과 가이드라인 연구가 체계적으로 이루어져야 하며, 이를 뒷받침할 수 있는 교수 · 학습 방안을 지속적으로 개발해야 한다.

협력적 측면

교육적 기능과 관련 기술을 갖춘 메타버스 · 인공지능 기반 플랫폼의 성공적인 구현을 위해서는 교육 현장과 민간 부문 간의 체계적인 협력이 필수적이다. 이 협력은 단순한 역할 분담을 넘어, 교육적 요구와 기술적 혁신을 통합하여 실질적인 결과를 도출할 수 있도록 긴밀하고 지속적으로 이루어져야 한다. 이러한 플랫폼은 기존의 학습 관리 시스템(learning management system, LMS)과 긴밀히 연동하여 기존 시스템의 기능을 향상시키거나, 플랫폼 간 데이터 · 자원의 공유를 통해 새로운 부가가치를 창출하는 방향으로 설계되어야 한다. 이를 통해 기존 교육 환경과 기술 간의 시너지를 극대화하고, 더 효과적인 학습 경험을 제공할 수 있다.

또한, 메타버스와 인공지능을 활용한 교육용 콘텐츠의 개발은 이제 선택이 아닌 필수 과제가 되었다. 현재 개발된 많은 콘텐츠가 상업적 목적에 치우쳐 현장의 실제 요구를 반영하지 못하는 경우가 많다. 이를 해결하기 위해서는 현장의 교육 전문가와 기술 개발 기업 간의 긴밀한 협력이 필수적이다. 이러한 협력을 통해 학습자의 특성과 교육적 목적을 반영한 맞춤형 콘텐츠를 개발함으로써 교육 현장의 실질적 요구를 충족시킬 수 있다. 특히, 저학년 학습자를 대상으로 하는 콘텐츠는 사용자의 연령과 디지털 접근성을 고려하여 직관적이고 간단한 조작만으로도 학습이 가능하도록 설계되어야 하며, 이러한 과정에서 양측의 협력이 성공의 열쇠가 된다.

메타버스와 인공지능 기반 교육의 성과는 교육 현장과 민간 부문 간의 협력의 깊이와 질에 따라 달라질 것이다. 이러한 협력은 단순한 기술적 구현을 넘어, 미래 교육의 패러다임을 혁신하고 학습자 중심의 포용적이고 지속 가능한 학습 환경을 창출하는 탄탄한 기반이 될 것이다.

법 제도적 측면

메타버스와 인공지능 시대에 법과 관련된 제도적 측면은 디지털 환경에서의 안전성과 신뢰성을 확보하기 위해 매우 중요한 역할을 한다. 메타버스와 인공지능 기술의 확산으로 물리적 경계가 희미해지고, 사용자 간의 상호 작용과 데이터의 흐름이 더욱 복잡해지면서 기존 법 체계가 다루지 못하는 새로운 유형의 문제들(예: 개인 정보 유출, 사이버 범죄, 불법 콘텐츠 복제, 허위 정보 유통, 지적 재산권, 아바타 성희롱, 유해 콘텐츠 차단 등)이 예기치 못하게 발생하고 있다. 특히 메타버스 플랫폼 안에서 범죄가 발생할 경우(메타 범죄), 혹은 아바타 사이에서 범죄가 발생할 경우(아바타 간 범죄), 기존 인간을 대상으로 하는 프레임워크에 맞지 않기 때문에 디지털 영역에서의 범죄는 특정 상황에 맞춘 대응책 개발이 필요한 상황이다. 법과 제도가 적절히 마련되지 않으면 메타버스·인공지능 활용 교육과 사용자들의 신뢰를 저하시키고 안전한 학습 환경 조성을 방해할 수 있다. 따라서 교육적 활용을 위해 설계된 메타버스와 인공지능 기반 플랫폼이 학습자와 교육자의 권익을 보호하기 위해서는 이를 뒷받침하는 특정 법률과 제도적 규제 지원 프레임워크의 개발이 시급하며, 이러한 과정에서 기술·사회·경제·정치·교육 분야에서 모두 각자의 자리에서 다양한 노력을 기울여야 할 것이다. 결과적으로, 법과 제도적 측면의 강화는 메타버스와 인공지능이 교육과 사회의 공익을 위해 긍정적으로 활용될 수 있는 환경을 조성하는 핵심적인 요소이며, 명확한 규제 프레임워크를 개발하고, 관련 안전장치 마련을 통해 모든 사람이 안전하고 투명하게 사용할 수 있어야 한다.

윤리적 측면

메타버스와 인공지능 관련 기술들이 발전하고 확산되면서 새로운 윤리적 측면의 발생이 우려되고 있다. 이에 최근 인공지능의 비약적 발전으로 각국 정부, 국제 기구, 기업은 메타버스와 인공지능으로 인한 부작용에 선제적으로 대응하기 위한 정책 프레임워크로 인공지능 윤리 규범을 개발하고, 이를 통해 올바른 윤리 원칙을 수립하고자 다방면으로 노력하고 있다. OECD에서는 2019년에 디지털경제정책위원회(CDEP) 특별 회의를 개최하여 인공지능 권고안을 마련했고, 이 권고안은 2019년 G20 정상 선언문에 반영되었다. 이 외에도 중국은 2017년에 인공지능 6가지 프로세스 가이드라인, 영국은 2018년 데이터 윤리 프레임워크 7대 원칙, 일본은 인공지능 개발 가이드라인 등을 발표했다(김진규 외, 2021). 우리나라도 3대 지향 가치(온전한 자아, 안전한 경험, 지속 가능한 번영)와 8대 실천 원칙(진정성, 자율성, 호혜성, 사생활 존중, 공정성, 개인 정보 보호, 포용성, 책임성)을 제시하고 모든 사회 구성원이 메타버스와 인공지능의 혜택과 역기능을 사전에 인지하여 자정 노력에 참조할 수 있는 보편적이면서 포관적인 윤리 규범을 제시한 바 있다. 교수·학습 현장에서도 메타버스와 인공지능을 윤리적으로 사용하기 위한 다양한 연구(예: 윤리·소양 교육, 인격 존중 교육, 정보 윤리 교육, 가이드라인 개발 등)가 진행 중이다. 이러한 노력은 학습자의 권익 보호와 건강한 학습 환경 조성에 기여하며, 기술의 남용이나 오용으로부터 모든 사용자가 메타버스와 인공지능 기술을 올바르고 책임감 있게 활용할 수 있도록 돕는 데에 뒷받침이 될 것이며, 메타버스와 인공지능이 단순한 교육 도구를 넘어 더욱 안전하고 신뢰할 수 있는 교육 경험을 제공하는 데에 중요한 역할을 할 것이다.

참고문헌

김진규 외(2021). 『인공지능 시대의 인재혁명』. 교육과학사.

한송이

경인여자대학교 유아교육학과 조교수이자 글로벌한국학과 학과장이다. 서울대학교에서 교육학(교육공학) 박사학위를 받았다. 동국대학교 교수학습혁신센터에서 교수·에듀테크 관련 교수법을 연구했다(2021~2024). 전문대학교육협의회, 대학교육협의회 등을 통해 교육에서의 인공지능, 에듀테크놀로지(메타버스, 증강현실, 가상현실, 혼합현실 등) 통합 교육, 혁신교과목(플립러닝, 하이브리드, 하이플렉스 등) 활용 교육에 관해 다양한 강의를 하고 있다. 현재 한국전문대학교양교육협의회 교수학습이사로도 활동하고 있으며, "2020-2022년 국내 메타버스 교육 연구 동향 분석"(2023) 등 50편 이상의 논문을 KCI 등재학술지에 게재했다. 주요 저서로는 『생성형 AI를 활용한 미래교육』(교육과학사, 2023)이 있고 『Human-Centered Metaverse Concepts, Methods, and Applications』(Elsevier, 2024)의 "Chapter 13 – Guidelines for educational uses of Metaverse"를 집필하였다.